薛林平
郭华瞻
　　李加丽
　　　著

山西省住房和城乡建设厅组织编写

张壁古堡

山西古村镇系列丛书

中国建筑工业出版社

图书在版编目(CIP)数据

张壁古堡／山西省住房和城乡建设厅组织编写．
北京：中国建筑工业出版社，2017.8
（山西古村镇系列丛书）
ISBN 978-7-112-20999-6

Ⅰ.①张… Ⅱ.①山… Ⅲ.①乡镇-古建筑-介绍-
介休 Ⅳ.①K928.71

中国版本图书馆CIP数据核字（2017）第170689号

责任编辑：费海玲　张幼平
责任校对：芦欣甜

山西古村镇系列丛书
山西省住房和城乡建设厅组织编写

张壁古堡

薛林平　郭华瞻　李加丽　著
＊
中国建筑工业出版社出版、发行（北京海淀三里河路9号）
各地新华书店、建筑书店经销
北京方舟正佳图文设计有限公司制版
北京利丰雅高长城印刷有限公司印刷
＊
开本：787×960毫米　1／16　印张：10¾　字数：198千字
2018年4月第一版　2018年4月第一次印刷
定价：**58.00元**
ISBN 978-7-112-20999-6
　　　（30577）

《山西古村镇系列丛书》

主　编：王立业　李锦生　翟顺河

副主编：郭廷儒　张海星　薛林平

编委会：郭　创　张晋耀　赵俊伟　杜雪峰

　　　　张　斌　邵丽峰　刘甲敏　刘　珊

　　　　赵　毅　马　云

《张壁古堡》

著　者：薛林平　郭华瞻　李加丽

丛书总序

　　我曾多次到过山西，这里丰富的历史遗存和深厚的人文底蕴，令人赞叹，给人的印象非常深刻。山西省建设厅张海同志请我为《山西古村镇系列丛书》作个序，在这里我就历史文化遗产和古村镇保护等有关问题谈一些粗浅的想法。

　　国际经济社会发展的经验证明，一个国家城镇化水平达到30％以后，城镇化进程不断加快，随之出现城市建设的高潮；人均生产总值达到1000～3000美元时，进入经济发展的黄金期，也是多种矛盾的爆发期，这个时期不仅可能引发各种社会矛盾，还会出现许多问题。我国城镇化水平2003年就已经超过了40％，人均生产总值2006年已经超过了2000美元，国民经济快速发展，城镇化进程不断加速；在城市建设日新月异的发展中，中央又审时度势提出了"两个趋势"的科学判断，作出了加强小城镇和新农村建设的决策。过去，我国城市的大批建筑遗存，正是在大搞城市建设中遭到毁灭性破坏。现在，我国农村许多建筑遗产，能否在小城镇和新农村建设中有效保护，正面临着严峻考验。处理好小城镇和新农村建设与古村镇保护的关系，保护祖先留下的非常宝贵、不可再生的文化遗产，是历史赋予我们义不容辞的责任。

　　对于建筑历史文化遗产的保护，人们的观念不断创新、思路逐步调整、方法正在改进，从注重官府建筑、宗教建筑的保护，向关注平民建筑保护的转变；从注重单体建筑的保护，向关注连同建筑周边环境保护的转变；尤其是近年来，特别关注古村镇的保护。因为，古村镇是区域文化的"细胞"，是一个各种历史文化的综合载体，不仅拥有表现地域、历史和民族风情的民居建筑、街区格局、历史环境、传统风貌等物质文化遗产，还附着居住者的衣食起居、劳动生产、宗教礼仪、民间艺术等非物质文化遗产。我国现存有大量的古村镇，其历史文化价值和社会经济价值都是巨大的，按照英格兰的统计方法，古村镇的价值应占到GDP的30％以上。然而，认识到这一点的人并不多，甚至有人认为古村镇、古建筑是社会发展的绊脚石，这种观点对于文化的传承和社会的进步都是极为不利的。在快速推进的城乡建设浪潮中，我们所面临的最大问题就是，大批历史古迹被毁坏，大批古村镇被过度改造，使中华民族的历史文化遗产严重损坏。在这个时候提出古村镇的保护，实际上是一项带有抢救性的工作。

　　2008年1月1日开始实施的《城乡规划法》，突出强调了保护历史文化遗产的重要性；2008年4月又颁布了《历史文化名城名镇名村保护条例》。历史文化名城保护工作已开展近30年，历史文化名镇名村保护工作也已启动，现在大家基本达成共识，保护有价值的古村镇，其实就是"保护文化遗产，弘扬优秀的传统文化……保持民族性，体现时代性"。但是，当前全国历史文化村镇保护的形势仍然不容乐观，保护工作极不平衡，一些地方还未认识到整体保护历史文化村镇的重要性，忽视了周边环境风貌和尚未列入文物保护单位的优秀民居的保护，制定和完善保护历史文化村镇规划的任务还十分艰巨；一些地区片面追求经济效益，对历史文化村镇进行无限度、无规划的盲目开发；一些地方擅自改变国有文物保护单位的管理体制，交给企业经营管理。

作为华夏文明的发祥地之一，山西有着丰厚的文化积淀和历史遗存，不仅有数量众多的古建筑，还保存有大量的古村镇。由于山西历史悠久、民族聚居、文化融合、地形差异等多因素影响，再加之较为发达的古代经济，建造了大量反映农耕文明时代、各具特色的古村镇。这些古村镇，一是分布在山西中部汾河流域，以平遥古城为中心，以晋商经济为支撑，体现晋商文化特色；二是分布在晋城境内沁河流域，以阳城县的皇城、润城为中心，以冶炼工业及商贸流通为支撑，体现晋东南文化特色；三是分布在吕梁山区黄河沿岸，以临县碛口古镇为中心，以古代商贸流通、商品集散为支撑，体现晋西北黄土高原文化；四是沿山西省内外长城，在重要边关隘口，以留存了防御性村堡，体现边塞风情和边关文化，在山西统称为"三河一关"古村镇。这些朴实生动和极富文化内涵的古村镇，是人类生存聚落的延续，是中国传统建筑的精髓；保存有完整的古街区、大量的古建筑，体现着先人在村镇选址、街区规划、院落布局、建筑构造、装饰技巧等方面的高超水平；真实地反映了农耕文明时代的乡村经济和社会生活，凝聚了劳动人民的智慧，沉淀了中华民族的优秀文化，传承了丰富的历史信息；具有浓郁的地方特色和很高的研究价值，是人类共同的文化遗产和宝贵财富。

山西省建设厅一直对古村镇及其文化遗产的保护非常重视，从2005年开始，对全省的古村镇进行了系统普查，根据普查的初步成果，编辑出版了《山西古村镇》一书；同年，主办了"中国古村镇保护与发展碛口国际研讨会"，并通过了《碛口宣言》。报请省政府下发了《关于历史文化名镇名村保护工作的意见》，并分两批公布了71个"山西省历史文化名镇名村"，其中18处已经成为"中国历史文化名镇名村"。为大部分古村镇制定了科学的保护规划，开展了多层次的保护工作，逐步形成了科学、合理、有效的保护机制。为了不断提高人们的保护意识，他们又组织编写了《山西古村镇系列丛书》。本系列丛书撷取山西有代表性的古村镇，翔实地介绍了其历史文化、选址格局、建筑特色、非物质文化遗产，内容较为丰富。为了完成书稿的写作，课题组多次到现场调查，在村落中居住生活了相当一段时间，积累了大量第一手资料。通过细致的测绘图纸和生动的实物照片，可以看到他们极大的工作热情和辛勤劳动。这套丛书不仅是对古村镇保护工作的反映，更有助于不断增强全社会的文化遗产保护意识。让我们以此为契机，妥善处理保护与发展的关系，做到科学保护、有效传承、永续利用历史文化遗产，不断开创历史文化名镇名村保护工作的新局面。

是为序。

原住房和城乡建设部　副部长

目　录

C　　　　　　O　　　　　　N　　　　　　T

E   N   T   S

张壁古堡的 历史 文化

LISHI WENHUA

一、概况

　　张壁古堡位于山西省介休市东南部龙凤镇的绵山北麓，结合地形、地势形成了堡墙完固、地道遍布的防御性堡寨聚落。历经一千多年的风霜雨雪，至今仍保存着完整的格局风貌和丰富的建筑遗产，成为具有较高历史、艺术和科学价值的中国北方坞堡聚落的典型代表。2006年，张壁古堡（图1-1～图1-4）被国务院公布为"全国重点文物保护单位"（第六批）；2005年，张壁村成为"中国历史文化名村"（第二批）；2012年，该村又被确定为"中国传统村落"（第一批）。

二、历史沿革

1. 古堡溯源

　　张壁古堡起源很早，可以上溯至隋唐乃至南北朝等民族大融合时期。目前主要有四种比较有说服力的看法：

图1-1 张壁村在山西省的位置

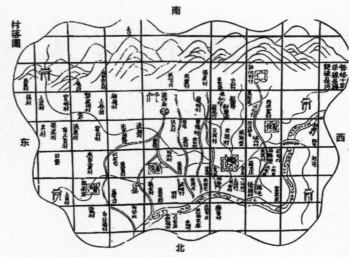

图1-2 嘉庆《介休县志》"县境图"中的张壁村

一是张壁与十六国时期后赵大将，同时也是地方巨族的张平所建坞壁有关。《晋乘蒐略》记载："晋升平初，中原大乱，豪望自相保聚，所在筑壁垒固守。"[1]在晋室南渡、北方大乱的背景下，地方豪族组织起来自保，筑堡是主要手段。而张平正是活跃在"雁门、西河、太原、上党、上郡"以及河东等多地的实力派人物，"镇其地，有其民，而两附燕、秦，更附晋"[2]，且张平"跨有新兴、雁门、西河、太原、上党，壁垒三百余，胡晋十余万户"[3]。据此，有学者推测张壁极有可能与张平有直接关系，并进一步确定张壁可能建于永和元年（345年）至晋升平五年（356年）之间[4]。虽然张壁的始建时间仍可能早于这个时间段，但可以据此推定的是，张壁应是在晋室南渡、北方出现权力真空进而导致边防瓦解、各少数民族进入山西争夺政权的背景下，地方豪强为求自保而修筑的防御性坞堡，因之，这种坞堡集军事、居住与农业生产等职能于一体，且在当时的政治角力中军事作用相对突出。

二是张壁曾为后魏至后周时期的"南朔州"城。清代人杨守敬在《水经注疏》中提及介休城时说："太和八年复有介休城，是后魏徙治也。故城在今介休县东南。"乾隆《汾州府志》引《山西通志》又说介休城："魏孝静帝时始建，迁朔州军备外患，筑土为垣。案《魏书·地形志》：西河郡介休有介休城，是北魏介休不复治汉故城，其所治者在今东南二十五里。《元和郡县志》云：后魏明帝时为贼所破，至孝静帝（524～552年）时更修筑，迁朔州军人镇之，因立为南朔州，但领军人，不领郡县。然则北魏之介休城宜建自太和中，至孝静帝但修之耳，非始建也，其城亦在今县东南而非今之县治。"有学者据此推测张壁即为后魏至周时期的"南朔州"城[5]是有一定道理的。如果此说成立，则张壁应在北魏孝文帝太和八年（484年）作为介休城存在。但是，北魏太和八年的介休城不是之前的介休城，而是迁来的。从张壁周边情况看，显然并不具备建设县城的条件，因此，这只能是临时性的。故而，张壁的始建年代应早于此，在已经具有的"城"的基础上，才会在临时性的"徙治"中被选为介休的治所。

三是张壁为北魏权臣、北齐王朝奠基人高欢所筑，因其善挖地道，而张壁古堡地下正

1　（清）康基田编著，杜士铎点校.晋乘蒐略.太原：山西古籍出版社，2006.
2　（清）康基田编著，杜士铎点校.晋乘蒐略.卷十二.太原：山西古籍出版社，2006.
3　晋书·卷110·慕容儁载记.
4　李书吉著.张壁古堡的历史考察.太原：三晋出版社，2013.59.
5　李书吉著.张壁古堡的历史考察.太原：三晋出版社，2013.73.

图1-3 张壁村鸟瞰

图1-4 张壁村的堡墙

布满地道，且地道营造攻守兼备[1]。不过，这一说法证据不足，有附会之嫌。

　　四是张壁与隋唐之际受封于突厥的"定杨可汗"刘武周有关。据嘉庆《介休县志》：唐初高祖武德二年（619年），"夏，刘武周使黄子英寇雀鼠谷。……秋，裴济据刘武周、宋金刚于介休，军溃，宋金刚遂据介州。三年（620年），秦王李世民奉诏击宋金刚于柏壁。金刚走介州，秦王追及雀鼠谷，一日八战，大破之，偏将尉迟敬德合余众守介休，王遣谕，乃举城降。"[2]从武德二年夏至武德三年，最多一年半中营造出如此规模且明堡暗道相结合的古堡，虽然技术上并非不可能，但是却缺乏足够的直接证据，因此，这一说法也只能存疑了。

1　武增祥，张壁古堡渊源之考证.中国魏晋南北朝史学会第十届年会论文集.太原：北岳文艺出版社，2012.
2　嘉庆版《介休县志》卷一，二十六。

无论以上哪种看法更接近于历史事实，张壁古堡的军事性质都是毫无疑问的。事实上，由于太岳山、吕梁山形成了晋中盆地与晋南之间的天然屏障，在介休、灵石一带，仅有汾水所开辟出来的"雀鼠谷"这条"晋陕通衢"可提供较为便捷的交通条件，因此，介休的战略地位十分重要，宋代以前的列国纷争，如"东、西周，东、西汉，东、西魏以及唐代东、西部之间的战事在此频频发生"[1]。因此，整个介休地区，确如地志所言："蚕蕨高峻拥其后，西入雀鼠谷，津隘崎岖，《水经》夸地险，为古战场。"[2]张壁古堡正是在特定时代和地域背景下产生的军事城堡，这也使得其与介休乃至晋中地区明清时期因受蒙古各部扰掠或明末农民起义影响而兴筑的堡寨聚落明显地区别开来（图1-5）。

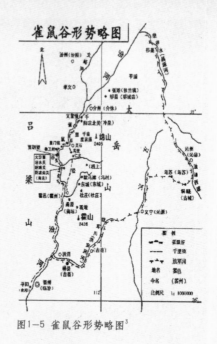

图1-5 雀鼠谷形势略图[3]

2.宋金元时期的转型

宋代以后，介休地区不再是政权更迭过程中的主要战场。至迟在金代，该村"张壁"之名已经见于史料。村西南金大定四年（1164年）的墓志记载："惟大定四年岁中二月丙辰朔十一日丙寅，汾州灵石县张壁村祭主张靖伏为安葬父母并已请灵，谨用钱九万九千九百九十九贯文缣五彩信币买地一段，东西一十三步，南北一十三步。东至青龙，西至白虎，南至朱雀，北至玄武。内方勾口，分擘四域，立极墓伯，分步界畔，道路将军，齐整阡陌，千秋之外，永无艰苦。"这确凿地证明了金代张壁村的村名已为"张壁"；元延祐元年（1314年），村内又曾重修可汗庙。[4]因此，这一时期，未发现张壁在军事活动中

1　李书吉.张壁古堡的历史考察.太原：三晋出版社，2013.71.
2　嘉庆版《介休县志》卷一。
3　谭其骧.中国历史地图集.北京：中国地图出版社，1982.
4　可汗庙内刻有明天启六年（1626年）的《重修可汗庙记》中记载碑记作者见到"中梁书'延祐元年重建'"，碑存可汗庙正殿前廊东端。

图1-6 张壁村金代墓葬

发挥了作用，也尚未发现在聚落形态方面显著变化的痕迹，仅仅是局部的更新和完善。这说明，宋金元时期，虽屡经政权更迭，但大一统中央王朝的进一步发展使得张壁所在的晋中地区已经脱离了旷日持久的战乱，张壁村也已开始了由军堡向民堡的转型（图1-6）。

3. 明代发展

明代（1368～1644年），因求雨颇为灵应，绵山的空王佛信仰大盛，而伴随着绵山胜地的兴盛，张壁古村也获得了新的发展机遇。因处在自介休城至绵山的交通线上，时值"每年三月二十七日空王圣诞，龙神聚会，四方各府州县人民朝礼圣境，报答佛恩。登涉中途，绵山之麓张壁村乃空王佛之要路，凡散人到此，无不止息。"[1]隆庆（1567～1572年）、万历（1573～1620年）年间，"散人逸士有志登山迈岭者，罔不游憩于斯（古刹寺，即兴隆寺）"。该寺已是"冀南一胜概"，但因"历年既久，梵宇倾颓，圣像朽坏，往来过客靡不咨慨"。于是隆庆年间，经功德主捐资，增修"南禅堂三间，东西廊各三□（间）"；万历二十二年（1594年），又"于正殿则接重檐、换隔扇，于南禅堂则起盖焉，于东西廊（残）妆，颙然可敬，周围四壁，重叠彩绘，烨然可观"[2]。这些赴绵山或礼佛或求雨或赶会的游人"或遇天雨盛不能朝礼，此村南面焚之"。有鉴于此，万历三十年（1602年），村内头面人物欲建行祠，寺僧宽位、祖润等人也意欲建造空王殿[3]，后经本村善人捐资并各处募化，"建立行祠三楹，内塑空王、摩斯、银公三圣，彩画金妆，壁绘如来功行。周围

1　明万历四十一年（1613年）《创建空王行祠碑记》，现存于村内空王殿。
2　古刹寺残碑，年代不详，现存于村内兴隆寺。
3　明万历三十三年（1605年）《宽贤发愿碑》，现存于村内空王殿。

完备，□外具成。"[1]

明代，张壁村也受到社会动乱的影响，如绵山就一直是匪寇啸聚山林之所。因此，张壁村对防御堡墙一直十分在意。明嘉靖三十八年（1559年），村人共同重修了堡的南门。[2]明末农民起义也波及了该村，崇祯十年（1637年），村中又曾加固堡墙。[3]除了堡门、堡墙的加固维修外，村落格局也获得了变化的契机。"……明末之时，贼寇生发，寝不安席。附近乡邻俱受侵凌。遇有贼寇来攻，吾堡壮者奋力抵敌，贼不能入。贼曰：'汝村中赤面大汉乘赤马者是何处之兵？'我等曰：'请来神兵剿灭汝寇也。'贼自相语曰：'神兵相助，村中必有善人。'遂欲退去。……平定之后，村众曰：'吾乡仰赖关圣帝君保护平安，理宜建庙祀之。'彼时惜无宽广之地，逼门草创一间以权祀之。"[4]因堡内用地紧张，在堡的南门外紧邻堡门创建关帝神祠一间，使得村落的格局开始突破堡墙边界向外扩展。

因此，明代，张壁古村的发展是因其区位优势而获得的，除了如明天启六年（1626年）重修可罕庙，加固基址，补修墙垣，重新彩饰[5]等建设是为应对突发情况以外，该村的发展主要围绕满足过往行人的止息和礼佛需求而进行；在受到社会动乱的影响时，则表现为对既有堡墙、堡门等防御设施的加固和新格局要素关帝庙的出现，为之后村落格局的扩展奠定了基础。

4.清代演变

清代是张壁村格局继续发展和完善的关键时期。

一方面，因"明季末年，流寇猖獗，他村不无蹂躏之怵，此地独安然无恙，虽曰人和是恃，亦赖有堡墙完固，足为可守之资也。迨际鼎革，城中巨室多有避乱于此者，皆得保其囊箧焉。今幸矣，四方底定，风鹤无惊，共乐昇平，岂不甚盛！而村中黄发安不亡，为未雨绸缪之，于堡之北门增筑瓮圈，内建神庙一座。"[6]鉴于古堡在明末社会动乱和明

1　明万历四十一年（1613年）《创建空王行祠碑记》，现存于村内空王殿。
2　村南门匾额题记。
3　陈志华撰文，李秋香摄影.张壁村.石家庄：河北教育出版社，2002.40～41.
4　清康熙五十年（1711年）《关帝庙重建碑记》，现存于村内关帝庙。
5　明天启六年（1626年）《重修可罕庙碑记》，现存于村内可罕庙。
6　清康熙二十七年（1688年）《创建二郎神庙记》，现存于村内二郎庙。

张壁古堡

清鼎革之际的兵戈扰攘中保全生命财产安全的重要作用，清康熙二十七年（1688年），村人在堡的北门外增筑堡墙一道，在新旧堡墙之间的地段创建二郎庙一座。至清乾隆初年，因"堪舆家谓：'张壁村址坐县南，去绵山不远，其接摩斯顶之脉者，较他村为甚近。惜乎堡中形势南高北低，风水之自山来者易泄难留，藉非北门外瓮圈中二郎庙为之屏蔽，其何以收风水而成富庶之乡哉？倘此庙而再高数仞，则藏风敛气而兴发是村者，当更不知其何如盛也。'所以乡之人久有革故鼎新之志而未及举行。"因此时村中商业发达，风水之说大行其道，竟然很快便完成了改建二郎庙的大工程，"旧殿改砌砖窑五眼，窑上新盖正殿三楹，祀以二郎尊神，又于对面起建丁字门以通村路，门上增修乐楼以隆妥侑。他如禅堂、山门亦皆焕然改观，而非复从前旧制矣。如此则北庙与南庙互相掩映，而风水之自山来者不将愈为屏障而成一方之重镇哉！"[1]（图1-7、图1-8）

另一方面，社会经济、文化的发展也促使村落格局进一步演变。如清康熙年间，因嫌明末于南门外创建的关帝神祠"古建窄小"，遂"合村协力行工重修"[2]，于康熙四十八年至五十年（1709~1711年）的三年间，次第重修关帝庙大殿及圣像；修"僧舍砖窑四眼，钟鼓二楼"；"修建山门乐台三楹"[3]，"殿宇增阔，金像增高，乐楼台榭彩色庄严，大殊古昔，洋洋乎诚一巨观也"[4]。之后的康熙五十九年（1720年），考虑到关帝庙"殿宇皆新，而墙院仍旧，似乎见缺。本村生员张弘基募化疏引银十一两三钱。起意信士贾国郡，输心包愿，更兼募化银二十两六钱八分，土墙改为砖墙，土院增砌砖院。发心贾国印施树一株，国郡增添工价以为庙院东边旗杆一根，更建茶棚一间，以济往来行人之渴。"[5]除了将关帝庙土墙改为砖墙并用砖墁关帝庙内院外，更主要的是增建了一间茶棚，用于向经过村中的往来行人施茶，足见往来行人之多。乾隆五十六年（1791年），因"关圣帝君庙缺少献殿，当供献时光天化日，仪卫森严，盘灶鲜明，而趋跄骏奔亦班班肃敬，人心殊觉畅快。如遇狂风骤雨，阴雾连天，排列则左右无行，贡馔则前后失次，登降拜跪之际亦多参差错杂，而肃敬不伸尚可以邀神觊耶？村人欲修献殿，愿亦久矣，止因财力不逮，迟缓延年。幸本村监生张鹏翔发愿成功，吾等旧有积聚银一百四十三两，又有张福定、贾泰遇清

1　清乾隆十一年（1746年）《本村重修二郎庙碑记》，现存于村内二郎庙。
2　清康熙五十九年（1720年）《增修墙垣墁院碑记》，现存于村内关帝庙。
3　清康熙五十年（1711年）《关帝庙重建碑记》，现存于村内关帝庙。
4　清康熙五十九年（1720年）《增修墙垣墁院碑记》，现存于村内关帝庙。
5　清康熙五十九年（1720年）《增修墙垣墁院碑记》，现存于村内关帝庙。

图1-7 张壁村北堡门两道堡门

图1-8 张壁村北堡门门上铁皮

宁汉口，化来积聚银六十五两，俱乐为合一焉。因与香老头脑商酌，遂请纠首并募村众。果尔善有同心，无不踊跃乐输，以成胜举。斯工也，起于本年三月，成于九月。又补修正殿，旁殿以及乐楼戏台、墙院，无不振旧如新"[1]，又创建关帝庙献殿，使得关帝庙的建筑形制趋于完备。

嘉庆十三年（1808年），村内魁星楼迁移至村外（图1-9），后于道光五年（1825年）至道光六年（1826年），因基址毁裂而搬回旧址，考虑到"旧址颇窄，因复广地若干，又从而砖砌之，下接砖窑二间，上建阁三楹，高插云汉。旁立灯杆一座，元灯不坠。……至于地藏堂、眼光殿、吕祖阁、龙神庙、北门外照壁，一时并建。虽因创不同，而乐善如一。"同时，"又因北门外水道一条直行东注，堪舆谓不若仍旧水向东南，于合村大有回护。因改渠挡堰，水归东南焉。尤不容已者，吾乡街道向用乱石铺砌，历久敧侧难行，兹尽用石铺砌，荡平正直，人称便焉。"同时，因村子"南高北低，去脉颇促，赖有北门真武庙、二郎庙为一村锁钥，于以藏风聚水，前人之建立诚善也。但二郎庙山门直冲村南，不若改建艮方更多停蓄。"后"于北门外旧山门东边新建山门三间，视前更觉巍焕"[2]。

至道光十五年（1835年），南堡门外已有观音堂、韦陀殿、魁星楼等公共建筑及僧舍、禅堂等供住持僧人使用的附属建筑[3]；道光二十年（1840年），再度重修二郎庙并空王殿、痘母宫。庙内碑文载："二郎庙栋宇崇高，垣墉孔固，为屏为翰者，照壁建焉。又东北隅痘母宫，仍其故址扩而充之，即如神灶鼎新以为贡献造作处（图1-10）。其他北门内门房重修，更房新立，及堡墙险要之所缩版以载"。道光二十三年（1843年），又金妆空

1　清乾隆五十六年（1791年）《新建献殿碑记》，现存于村内关帝庙。
2　清道光十一年（1831年）《重建魁星山门碑记》，现存于村内真武庙。
3　清道光十五年（1835年）《重修仪仗补葺彩绘碑记》，现存于村内关帝庙。

图1-9 魁星楼   图1-10 二郎庙痘母宫

王殿佛像，彩绘壁画[1]。道光二十九年（1849年），建堡外南侧的藏风桥。

清代的村落建设集中在乾隆至道光（1736～1850年）的一百多年间。这一时期，村落格局进一步扩展，北堡门的建设相对集中，且明显受到风水思想的影响；同时，还兼有系统安排村落排水组织等技术因素。

当然，清代除了格局的发展以外，因对突发事件的工程活动并未间断，如清雍正八年至九年（1730～1731年），重修金妆南堡门上的西方圣境殿[2]。清乾隆十八年（1753年），西场巷创建券门[3]。嘉庆八年（1803年），"可罕王庙后山于……暮春间忽崩塌崖山数丈，若不急为修理，则大雨漂淋必将废毁庙址"。经过公众商议，"崖仍用土筑而坚固倍之，西

1 清道光二十四年（1844年）《重修二郎庙空王殿痘母宫碑记》，现存于村内二郎庙。
2 清雍正九年（1731年）《重修金妆西方圣境殿碑记》，现存于村内西方圣境殿。
3 清道光八年（1828年）《补修门街记》，现存于村内西场巷巷门门洞内侧壁。

图1-11 "德星聚"门

崖临街数丈易为砖墙，上庙行路尽修为砖阶，南门楼围墙亦易旧而为新"[1]。道光八年（1828年），重修村内西场巷券门[2]。道光十二年（1832年），重修永春楼券洞。清同治十二年（1873年），修村中义学[3]。清光绪二年至三年（1876～1877年），重修堡"德星聚"门上吕祖阁[4]（图1-11）。此外，村落内部的建设也在持续进行，如道光二十三年（1843年），村中大族贾氏建立祠堂一所[5]。这些建设活动使得村落格局处在不断的巩固之中。

5.民国时期的沉寂

与明清时期相比，民国时期的村落建设相对沉寂，鲜有新的建设。抗日战争期间，村内地道入口还遭到破坏。

6.1950～1970年代的变迁

1949年以后，张壁村内人口迅速增加，古堡范围内的用地已经不能满足居住的需要，于是在古堡外侧、紧邻东堡墙发展出了一片新的居住区，并在东堡墙上开设券门"小东门"，以加强堡内外的联系（图1-12）。

1　清嘉庆八年（1803年）《补修可罕王庙碑记》，现存于村内可罕庙。
2　清道光八年（1828年）《补修门街记》，现存于村内西场巷巷门门洞内侧壁。
3　清光绪三年（1877年）《重修吕祖阁碑记》，现存于村内二郎庙。
4　清光绪三年（1877年）《重修吕祖阁碑记》，现存于村内二郎庙。
5　贾氏建立祠堂碑记，年代不详，残碑存贾氏祠堂内。

7. 1980年代至今的新发展

1980年代以后，特别是最近，选址于古堡东侧高地的张壁新村已经次第建设完成并投入使用，无论是多层的集合住宅还是独门独院的二层小楼，都标志着古老的张壁村再一次焕发了青春；同时，村内道路、广场等基础设施也获得了全面的提升。张壁古村已经在转型发展的背景下形成了新老并存、相得益彰的新格局形态（图1-13）。

图1-12 1950~1970年代村落格局

三、家族

张、贾两姓为村中大姓（图1-14、图1-15），他们在村中公共建筑的组织、捐款记录中最为活跃。如乾隆十一年（1746年）《本村重修二郎庙碑记》中捐资人有张定维、张立维、张元维；道光二十四年（1844年）《重修二郎庙空王殿痘母宫碑记》中捐资人有张礼维，空王行祠前关于张礼维的记载是时任布政司经厅；光绪三年（1877年）《重修吕祖阁碑记》中捐资人有张悦维等，可以看出张姓是一个世代经商的繁盛家族。而贾家诸人的记载多出现于碑刻的落款处，如天启六年（1626年）《重修可罕庙碑记》中香老贾天祯；乾隆五十六年（1791年）《新建献殿碑记》中的儒学训导贾大彩；道光二十四年（1844年）《重修二郎神空王殿痘母宫碑记》中撰文的国子监太学生贾田荣等，也可看出贾家是村中的书香世家，多主事村中的建设。

四、非物质文化遗产

在陈志华《张壁村》一书中，提到张壁村较为特殊的泛神崇拜，常见将多样的"祖先

图1-13.张壁村现状格局

图1—14 张壁村张家裱纸

神主"的神龛移进兼做厨房用途的堂屋，和各种杂物混在一起，缺乏"庄严性"与"规章性"。神龛内的神像以关圣帝君老爷为主，因为在山西关帝也被奉为"武财神"，是什么都管的。村中院子里多供奉着土地老爷龛，并伴有红纸对联，写着"土能生万物，地里产黄金"的直白愿望，淳朴的村民对于神龛及神主的供奉完全出自生产生活的平实需求。郑广根先生介绍，每逢旧历新年、端午、中秋、冬至四大节，家家要祭祀七位神，她们是土地、财神、灶王、马王、门神、观音和大仙，有的人家多祭一位禄神，一共是八位。点一盏油灯代蜡烛，放一盘贡品，烧黄表纸。点七或八炷香，每炷三根，叩三个头。另外，各路神仙的生日也要专门祭拜，如三月二十是子孙娘娘生日，五月十三是关公生日，财神的生日是九月十七。

图1-15 张壁村贾鸿云家神纸局部

　　张壁村共有三个戏台，分别为可罕庙戏台、二郎庙戏台和关帝庙"猴猴台"，各自承担着其独特的文娱及公共活动。如每年农历四月初八，关帝殿前的"猴猴台"上会唱皮影戏和木偶戏，调研中听村民说这不是唱给关帝爷，而是唱给偏殿螳神庙里的神仙的。因为张壁村以务农为主，老百姓希望庄稼能少些虫害，而之所以选择皮影戏和木偶戏是因为其道具形状与虫子和鬼怪十分相似。村里有擅长唱皮影和木偶的老人，称之为"小把戏"，村民们白天唱木偶戏，晚上搭幕布唱皮影戏。

　　另外在每年的农历七月十五，二郎庙前的大戏台上要连唱三天大戏，主题多为"仁义礼智信，忠孝廉耻勇"等弘扬传统文化的积极故事，这是周围几个村子一起集会的大型活动。调研中我们也看到，二郎殿内墙上绘满"二十四孝"屏风图。可罕庙戏台上年节中会有干调秧歌的演出。

　　其他大型的民俗活动有每年正月初一关帝庙前的拜财神仪式，这一天村里的年轻人吃过饺子，来殿里拜过财神爷，就要在庙前比赛舞大刀。之后，众人把预先准备好的马洗刷干净，选出一个最优秀青年，骑马环堡转一周。马身上出了汗，就说明关圣帝君显灵了，全村的人便来到关帝庙中叩拜，祈求财源滚滚。

图1-16 张壁村古树——槐抱柳

图1-17 北堡门内

　　另一件特别的事情是我们听说每年的正月二十八张壁村会在可罕庙前举行祭星仪式，村中对"星宿"对位的说法也颇为玄幻。而查阅资料发现张壁古堡与星宿相关的研究起始于近代。其缘于有人偶然发现堡墙轮廓与奎宿星团的轮廓相似，并提到道家学说中"奎星"为天之府库，是上天储藏图书、财务和兵器的地方。对照星宿图与张壁航拍图，整个村子里有11口水井，东边三口与心宿星团呼应，西边八口与毕宿星团呼应，"毕宿八星，主边兵弋猎"[1]；堡内六株槐树（图1-16）与堡外七株槐树分别对应南斗六星与北斗七星；南北堡门（图1-17）的设立分别对应"张宿"和"壁宿"；《重建奎楼山门碑记》中记载的龙神庙位于堡墙外东南方向的角宿位，寓意造化万物，天下太平……关于星宿的诸多说法为这个独特的古堡笼上了神秘的色彩，对于这些内容笔者不予置评，希望有兴趣的朋友继续研究。

1　引自《宋史·天文志四》。

张壁古堡的**空间**格局

KONGJIAN
GEJU

图2-1 张壁村鸟瞰

一、选址

张壁古堡（图2-1）是一座防御性坞堡，其选址充分体现了防御性的要求。首先，该村选址于绵山北麓的高地之上，整体地势较高，可以充分利用地势的优势加强防御；其次，该村西侧、北侧均为深达几十米的陡峭黄土崖壁所环绕，选择这种具体地形兴筑堡寨，可以充分因借有利地形条件，只需重点建设不临崖的堡墙，即可形成可观的防御效果，有利于将堡内有限的防御力量集中起来；第三，受周边黄土沟壑地形条件的限制，经过张壁村内的道路为联系绵山和介休市的必经之路，选择在这个位置建堡，可以起到控扼往来交通的关键作用，也使张壁村成为沟通和联系周边的关键节点。

二、空间格局

1. 整体格局

张壁村虽以古堡为主体，但其格局却不止于古堡所限定的范围。实际上，该村的整体格局还包括延伸至村外北侧的村口照壁、七星槐和南侧的藏风桥。

张壁村的主体部分——张壁古堡是一处边界清晰的堡寨，整体呈不规则的方形，西侧堡墙、北侧堡墙西部和南侧堡墙西部沿黄土沟壑的边缘修建，因顺应地形而稍不规则（图2-2）；南侧堡墙东部、东侧堡墙和北侧堡墙东部则较规则。于南侧、北侧各设一座堡门（图2-3~图2-6），北堡门外侧又增设堡墙和堡东门，实际上还是两个堡门作主要出入口。

堡墙所围合的部分，是张壁古村的主体。由于整体地势南高北低，为合

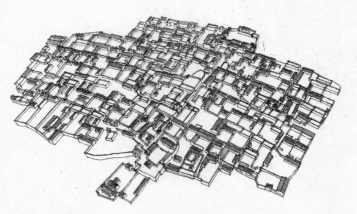

图2-2 张壁村布局

理利用土地和充分争取日照条件，该村根据地形特点自南向北将用地划分成几个不同标高的台地，以村落主街为界，主街西侧的部分被划分成了5级台地，而主街东侧的部分则主要划分成了4级台地。这样，在每个台地内部都做到了北高南低，从而获得了较充足的日照条

图2-3 南堡门

图2-4 北堡门

图2-5 北堡门"德星聚"门匾

图2-6 东堡墙外侧

图2-7 台地鸟瞰

件。比较而言，主街西侧的台地之间高差较大，台地宽度也较大；而主街东侧的台地之间高差较小，台地尺度也较小（图2-7）。

张壁古村的庙宇分别集中在南、北堡门处，形成两处庙宇群。不过，细究起来，这些庙宇的形成和发展与村落格局的发展变迁关系却至为密切。如可汗庙，一般认为最初是作为军事堡寨时的指挥所，故其位置是早期古堡格局中的重要节点；南堡门上方的西方圣境殿和北堡门上方的真武庙，应是较早时期出现的与堡寨防御功能密切结合在一起的关键建筑；南堡门内侧的兴隆寺，建设年代也颇早，曾被称为"古刹寺"，也是反映该村早期格局的关键要素。至于北堡门上的空王殿和三大士殿，是明清时期依托已有格局所做的进一步扩展；而南堡门外的关帝庙和北堡门外侧的二郎庙，则是明清时期村落格局进一步发展的结果。

2．街巷系统

张壁村的街巷可分为两级：主街和次要街巷。主街仅有一条，也称"龙脊街"、"红顺街"；次要街巷则有七条，大体垂直分布于主街两侧，与主街一起形成了村落的鱼骨架式街巷系统（图2-8）。值得说明的是，次要街巷均与主街呈"丁"字相交，这既和主街两侧的地形坡度相差较大有关，也应该有防御的考量（图2-9、图2-10）。

图2-8 张壁村主要街巷分布图

图2-10 张壁村丁字路口泰山石敢当

街巷名称	西场巷	贾家巷	王家巷	胡家园巷	靳家巷	小东巷	大东巷
交汇口形态	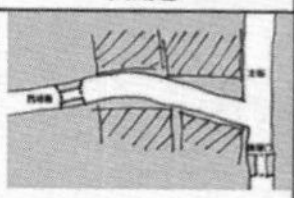	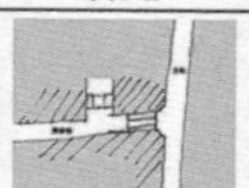	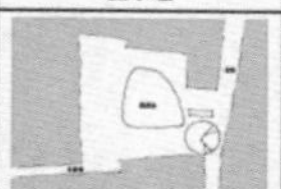	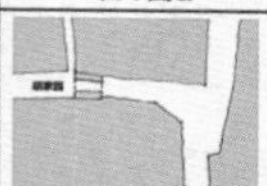	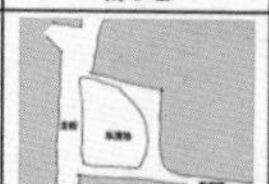		
调研照片							
备注	后退较多，有巷门	巷门设有券阁	与公共空间连接	巷门连通北堡门庙宇群	不设巷门，入口有高差	与公共空间连接	进入后有支巷

图2-9 张壁村主要街巷交叉口形态统计表

图 2-11 龙脊街

图2-12 张壁村街边墙基细部

图2-13 西场巷局部

（1）主街

主街连接南堡门和北堡门，是张壁古村中最宽的街，宽3～5米，整体用红色石料铺砌，其中间部分的石料采用顺街走向铺砌的方式，与其余垂直于街走向铺砌的石料形成鲜明对比，形似龙脊，故得名龙脊街。这条龙脊街自南堡门起，径直奔北堡门而去，出北堡门后则向东一转，出堡东门而止，形似神龙摆尾，颇有趣味（图2-11、图2-12）。

（2）西场巷

西场巷是进入南堡门之后的第一条巷道，位于龙脊街西侧，正对可罕庙西墙，现有巷门为清乾隆八年（1743年）创修，道光八年（1828年）补修，上有"凝秀"门额。巷宽约2米，全长约220米。整条巷道有两处转折，尽端院落的院墙与堡墙连为一体；局部砖石铺地，中间也铺出龙脊来。该巷是村内地势最高的街巷，巷北侧居住建筑排列有序，规模也较大，南侧则较为稀疏（图2-13）。

（3）贾家巷

贾家巷是目前村内保存最为完好的巷道，不但因张嘉会堂等多数大型院落集中在这条巷道两侧而界面完整，且整个巷道格局的关键——门楼，也保存得相当好，外侧有匾书"永春楼"，内侧有匾书"联辉"，十分醒目（图2-14、图2-15）；巷道的铺地保存也较

图2-14 贾家巷门楼正面

图2-15 贾家巷门楼背面

好，红石罗列，龙脊清晰，局部采用卵石铺装。该巷道总长约300米。值得说明的是，一些入户巷道和贾家巷相接的部分采用了砖券门，增加了防御层次。

　　（4）大东巷

　　大东巷位于龙脊街东侧，从距巷口不远处开始分为一南一北两条巷道，北侧巷道直通小东门，南侧巷道则迂回蜿蜒连接多座院落后与北侧巷道再度相交形成一个整体呈"口"字形的巷道。这是因为地势的原因，这部分区域没法向主街开巷门，必须通过支路与大东巷相联系才可。大东巷长约160米，不设巷门，通过小东门与堡外东侧建设的新区相连（图2-16）。

图2-16 大东巷巷道节点分布图

（5）王家巷

王家巷位于村内地势较低的北部，由西涝池与中央土之间进入。由于与相邻的贾家巷所在的台地高差较大，因此王家巷延伸到张嘉会堂长工院的东侧院墙处戛然而止，全长只有60米。该巷不设巷门，只连接两处院落。

（6）小东巷

小东巷位于主街东侧，不设巷门，巷口正冲着西涝池。据村内故老传言，小东巷原叫"小屯巷"，与大东巷所在地原来均为军需储备处。现在的小东巷内深处有一条南北向的小巷连接大东巷，通向小东门。

（7）靳家巷

靳家巷是东片最北侧的一道巷道，长约160米。与其他巷道连接南北两侧院落不同，该巷道仅连接北侧院落；因北侧紧邻堡墙，现有建筑多延伸至堡墙边缘，规模大小不一，因此，多处通过入户巷道与靳家巷相连（图2-17）。

（8）胡家园巷

胡家园巷位于主街西侧最北面，总长约170米，其尽端直抵堡墙，后期在堡墙上开一处通向堡外的小门。特别的是胡家园巷的巷门是与北堡门庙宇群连接在一起的，通过巷门上部连通兴隆寺和三大士殿，是堡内仅见的"立体交通"。

图2-17 靳家巷局部铺装

3.防御体系

最初的张壁村是防御性极强的军事堡寨（图2-18）。进入明清时期，虽然其早已完成了由军事功能向民用功能的转型，但对张壁这样一个经历过一千多年历史沧桑的古老村落而言，防御性仍是其村落格局中非常重要的方面。更何况，因改朝换代引起的动乱、绵山匪患等周期性或持续性的社会失序又反复发生，更使得防御设施和防御体系一直得以保存下来。通过碑文中记载的明末清初时该村应对绵山匪患的实际经历，可以清楚地知道这些防御设施所发挥的关键作用。

"……明末之时，贼寇生发，寝不安席。附近乡邻俱受侵凌。遇有贼寇来攻，吾堡壮者奋力抵敌，贼不能入……复有旗号自北而来，众恐曰：'贼兵继起，不能保守。'将堡门拥闭，兵曰：'我乃请来官兵，何故阻之？'即开北门放入村中。张公讳义者约言曰：'我乃乡约。'兵首以阻遏军威，将张公并守门宋林以军令施行，余者秋毫无犯，出南门

图2-18 张壁古堡内防御系统分布图

图例:
- ━ ━ 地道标示
- ▪▪▪▪ 堡墙标示
- ━━ 次巷门标示
- ━━ 巷门标示
- ━━ 堡门标示

剿灭贼寇，回兵而去。"[1]不但匪寇被阻挡在堡外，就是官军也被阻挡在堡外。

具体说来，张壁村的防御体系有以下几个层次：

（1）堡寨防御

在堡寨层面，防御设施主要是堡墙和堡门所组成的防御性边界，它们一直在发挥着防御作用。"明季末年，流寇猖獗，他村不无蹂躏之悚，此地独安然无恙，虽曰人和是恃，亦赖有堡墙完固，足为可守之资也。追际鼎革，城中巨室多有避乱于此者，皆得保其囊箧焉。"[2]

张壁村的堡墙为夯土筑成，其中南侧、东侧堡墙因不临崖而高度较高，故整体较厚，收分也较大，其顶部不上人（图2-19）。在堡墙的底部尚能见到一些早期夯筑的残段，夯

1　清康熙五十年（1711年）《关帝庙重修碑记》，现存于村内关帝庙。

2　清康熙二十七年（1688年）《创建二郎神庙记》，现存于村内二郎庙。

筑分层清晰，硬度较大，表明夯筑工艺水平较高；北侧、西侧堡墙因是临崖而建，故高度较低，且厚度也不大，顶部亦不上人。

但是，在南、北堡门处，则专门加宽堡墙形成了上人的空间。这是因为南北堡门是沟通堡内、堡外的关键节点，日常生活中需要开启以供通行；在遇到攻击的时候，堡门又成为薄弱环节，需要通过投入防御力量来进行主动防御，这就需要堡墙顶部提供足够的上人空间，以有效打击对方。这一点在南堡门体现得尤其明显。南堡门外侧地势较高，也是绵山匪患主要威胁的方向，但是，南侧堡墙并不是十分高大，而是通过可以上人的处理加强了防御效果，堡墙相对较低的高度实际上保证了堡内的防御力量可以有效进行主动防御。同样，北堡门及较晚建设的东门上部均设置了可以上人的空间，并设有便于射击的雉堞（图2-20）。

（2）街巷防御

堡内的街巷，除连接南、北堡门的主街外，一般设有巷门进行防御。这种巷门，为券门或券阁的形式，券门内侧设巷门，不但将次要街巷所形成的居住组团与主要街巷有效地隔离开来，也使得堡内的各街巷形成一个一个的互相分隔开的居住组团（图2-21、图2-22）。这种防御处理，不但普遍存在于主要街巷与次要街巷的连接处，也常用于分支街巷与次要街巷的连接处。其结果就是进一步将街巷分成各自独立的小组团。

应该说，这种巷门防御措施，并不一定是古代军事堡寨的固有做法。如"西场巷旧有门街，创于乾隆八年"[1]，倘若是基于军事功能的话，不应该会遗漏以致迟至清代才创修出

图 2-19 东侧堡墙

图2-20 东侧堡墙开洞现状

---

1 清道光八年（1828年）《补修门街记》，现存于村内西场巷巷门门洞内侧壁。

图2-21 贾家巷券阁"永春楼"

图2-22 西场巷券门

图2-23 贾家巷24号院鸟瞰

图2-24 张嘉会堂内院墙

来，因此，这种券门或券阁的防御设施，应该是明代中后期伴随着商业兴盛而出现的。

（3）院落防御

虽然有最外围的堡墙和巷门等防御层次的保障，但堡内的居住院落仍普遍体现出了较强的防御性。院落均围合完整，四周一般以较高的厢房后檐墙、正房山墙及后檐墙与围墙连缀形成封闭性较强的界面。如果是多进的合院，则在两进之间也以较为高大的内院墙隔开，这也是防御性较强的表现（图2-23、图2-24）。

（4）地道防御

真正令张壁村与众不同的是它完备的地道防御系统。整个地道防御系统虽然至今尚未完全探明，但已探明的部分已充分显示出其与众不同之处。如这套防御系统位于地下，在极端不利的情况下，村中的人可以进入地道躲避战乱；除最主要的出入口设在可汗庙东厢房内外，还于堡内的多处主要建筑院落中设出入口，有的出入口还隐藏在居住建筑的暗层内，如西场巷22号院；地道分为3层，可以形成立体交叉式防御；地道内设有储藏空间和独立水源，且有隐蔽的透气孔，可以长期坚守；地道仅可供单人通行且遍布机关，使敌人无法展开攻击；等等（图2—25、图2—26）。

（5）精神防御

除了可直接抵御外部扰掠的堡墙、堡门、街巷及巷门、院落围墙及院门和地道之外，在堡门、巷门的上部还设置了神殿等具有精神防御价值的设施。如南堡门上部，即设置了西方圣境殿（图2—27）；北堡门上部，则设置了真武庙、空王殿、三大士殿等一组神殿；在贾家巷巷门上部的阁楼内也供有神像。所供养的神均是较大范围内广受信仰的神灵，设置这些神殿，即是希望借助信仰的力量起到一定的防御作用（图2—28）。

张壁村在应对不利的外部社会环境时所发展出来的如此细致周密的防御系统，是支撑该村得以延续一千多年的保障，同时也是张壁这个历史悠久的古村留给我们的主要人居智慧成果之一。

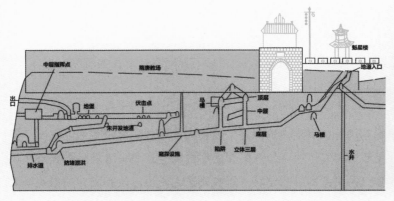

图2-25 张壁村地道剖面示意图

图2-26 地道内景

图2-27 南堡门西方胜境殿

图2-28 新庆门及吕祖阁

4. 排水系统

张壁村建在深厚的黄土层上，基址易受雨水浸泡或冲刷的不利影响，这就要求十分优良的排水系统。这一系统的首要功能，是迅速地排走雨水，避免蓄积。张壁村的排水系统，充分体现了这一要求。受到技术条件限制，该系统以街巷兼作排水通道，首先通过场地的整体布局实现了分块收集、集中排放的排水格局，即通过次要街巷收集所在台地的雨水并汇集至主街、通过主街来集中排放；主街则沿最短路径以尽可能大的坡度跨越整个村落基址，南堡门和北堡门的高差达到20米，每一条次要街巷的坡度也较为显著，其尽端比临近主街的端头高出2～5米，这样的坡度处理，可以将村内的雨水以最快的速度汇集至主街并由主街排出村外（图2-29、图2-30）。

更进一步地，村内街巷断面多呈下凹的圆弧形，这既有利于集中哪怕是相对较少的雨水以形成排水水流，又有利于雨水尽快远离建筑基址，以防雨水渗透影响建筑安全。这种

图2-29 张壁村排水布局图

现象以主街最为突出，甚至主街的石料铺砌均受到快速排水这一要求的影响，其断面两侧的石料长向垂直于建筑铺砌，有利于雨水向中部集中；正中部分的石料则沿街巷走向方向铺砌，有利于主街内的雨水快速排出（图2-31）。

其次，该村南堡门外地势较高，有相当大面积的雨水需要通过村内这条主要街巷排放出去，因此，主街所承担的排水功能十分突出，排水量也很大，尤其是暴雨过后，堡内、堡外的水流汇集起来，量大势猛，破坏力较大。为防止强大水流冲刷造成水土流失，堡内的街巷普遍采用硬质铺装，而且是一贯的做法，"吾乡街道向用乱石堆砌，历久欹侧难行"，清道光五年（1825年），"兹尽用石铺砌，荡平正直，人称便焉。"[1]这样，路面平整了，不但人行方便，而且对排水更加有利，且能起到避免水土流失的作用（图2-32）。

再次，在主街的北段两侧，因坡度较缓，水流至此速度会降低，同时，整个村子的雨水

1　清道光十一年（1831年）《重建奎楼山门碑记》，现存于村内真武庙。

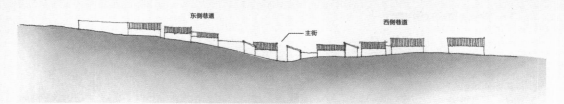

图2-30 主街纵剖面图

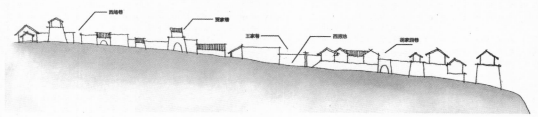

图2-31 主街横剖面图

图2-32 小东巷路面铺砌

图2-33 张壁村涝池石狮

汇集到此处时，水量又较大，主街无法容纳如此多的雨水，这时候，该村于主街两侧各设了一个涝池，通过向主街开设进水口的方式将主街内的水分流一部分至涝池中蓄积起来，有效地通过分流起到了调节主街水量的作用，避免主街北段受到雨洪侵袭（图2-33）。同时，在

图2—34 南堡门顶部排水龙头

较为缺水的黄土地区，这种做法又可以蓄存宝贵的水资源以供生产、生活之用，从而将防洪与充分利用水资源有效地结合起来（图2—34）。

综上，张壁村的排水系统十分有效：在保证快速收集和排放雨水的同时，又通过硬质铺装避免雨洪冲刷造成的水土流失，保证了村落所在基址的地形尽量稳定，还通过设置涝池的方式调节水量，并和利用水资源密切结合起来。

张壁古堡的 公共建筑

GONGGONG JIANZHU

一、概述

张壁村虽不大，但公共建筑却不少，在占地仅0.1平方公里的古堡内修建了十余处庙宇（图3-1）。这些庙宇或为礼佛，或为供神，虽信仰不一，但却彼此密切结合，并多与堡门、巷门、瓮城等古堡格局节点结合。其中，南、北堡门是庙宇建筑最为集中的区域，形成了两大庙宇群：南堡门以可罕庙、关帝庙为主，北堡门以真武庙及二郎庙为主（图3-2～图3-6）。

需要注意的是，古堡的这些庙宇建筑，并不是一次规划建设形成的，而是在历史的发展过程中逐渐完善的。据记载，元代以前村内仅有可罕庙，这是因为在军事功能突出时期的张壁古堡，信仰较为单一；至明清时期，伴随着功能由军事功能为主转变为生活居住功能为主，同时，也伴随着该村在商业上的成功，张壁古村信仰更加多元，又有能力进行较大的建设，古村终于迎来了新的建设高潮，空王行祠、关帝庙、二郎庙、三大士殿、吕祖阁等建筑相继建成，最终形成了今天所见的张壁古村的完整风貌（表3-1）。

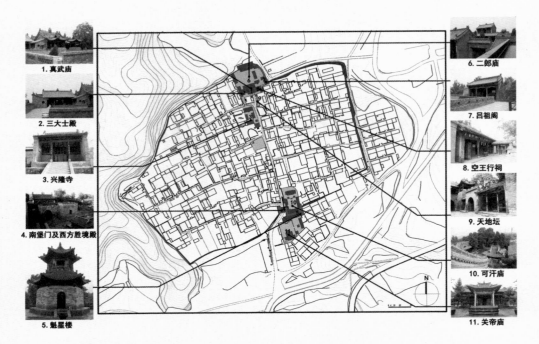

图3-1 张壁古堡公共建筑分布图

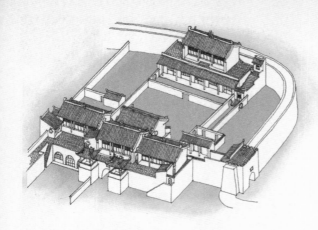

图3-2 北堡门庙宇群复原透视图[1]

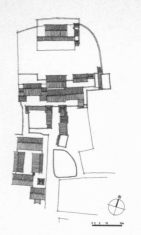

图3-3 北堡门庙宇群现状屋顶平面图

图3-4 北堡门庙宇群鸟瞰

1 临摹自：陈志华等著.张壁村[M].河北：河北教育出版社，2002.67.

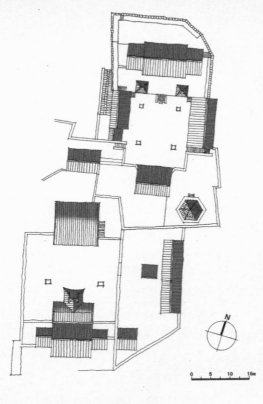

图3-5 南堡门庙宇群屋顶平面图

图3-6 南堡门庙宇群顶视图

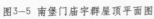

张壁村公共建筑修建年代表

表3-1

庙宇名称	建造年代	碑刻文献
可罕庙	始建无考；元延祐元年（1314年）重建	《重修可罕庙碑记》（明天启六年，1626年）
关帝庙	明末；清康熙四十七年（1708年）重建	《关帝庙重建碑记》（清康熙五十年，1711年）
真武庙	无考	
空王行祠	明万历三十三年（1605年）	《创建空王行祠》琉璃碑（明万历四十一年，1613年）
三大士殿	清康熙三十一年（1692年）	
二郎庙	清康熙二十七年（1688年）	《创建二郎神庙记》（清康熙二十七年，1688年）
兴隆寺	始建无考；载明隆庆年间（1567～1572年）修南禅堂及东西廊	兴隆寺内残碑记载
西方圣境殿	无考；清雍正九年（1731年）重建	《重修金妆西方圣境碑》（清雍正九年，1731年）
吕祖阁	清道光十一年（1831年），清光绪二年（1876年）重建	《重修奎楼山门碑记》（清道光十一年，1831年）
魁星楼	清嘉庆十三年（1808年）	《重修奎楼山门碑记》（清道光十一年，1831年）

张壁村公共建筑的装饰较为突出，主要表现在木雕、石雕、砖雕、悬塑、琉璃等方面。木雕主要在斗拱、雀替、门窗、帘架等处施用，石雕主要见于柱础，砖雕主要见于墀头等处，表现尤为突出的琉璃则主要用于屋顶的脊、吻兽、宝顶各处。

　　就木雕而言，其题材多取龙、象、祥云、花卉诸种，以表达祈求风调雨顺的意象为主，雕刻细腻，生动传神，并施以彩色，表现力尤强（图3-7～图3-26）。

图3-7 可罕庙正殿龙身雀替

图3-8 真武庙前廊雀替

图3-9 三大士殿前廊雀替

图3-10 二郎庙窑洞前廊雀替

图3-11 二郎庙正殿前廊雀替（两侧）

图3-12 吕祖阁雀替

图3-13 吕祖阁帘架雕刻

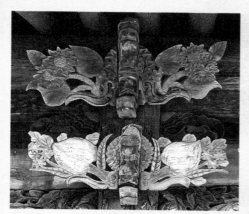

图3-14 二郎庙锢窑檐廊下斗栱

图3-15 二郎庙锢窑檐廊下斗栱

图3-16 二郎庙正殿斗栱

图3-17 二郎庙正殿斗栱

图3-18 二郎庙戏台斗栱

图3-19 三大士殿斗栱

图3-20 关帝庙正殿斗栱

图3-21 关帝庙正
殿斗栱

图3-22 关帝庙抱厦斗栱

图3-23 关帝庙献殿斗栱

图3-24 关帝庙抱厦斗栱

图3-25 可罕庙正殿斗栱

图3-26 真武庙斗栱

石雕方面，柱础石雕表现最为突出，多采用浮雕；题材内容方面，虽也不脱表达平安繁荣的窠臼，但也根据建筑的功能作了调整，多取鼓镜式加覆盆、莲瓣的复合形式（图3-27～图3-30）。

图3-27 吕祖阁柱础石

图3-28 真武庙柱础石1

图3-29 关帝庙抱厦柱础石

图3-30 真武庙柱础石2

　　明清时期是介休琉璃艺术发展的高峰时期，张壁古村的现存琉璃作品均为这一时期的产物。最典型的要数空王行祠的脊饰及宝顶等琉璃作品了，西方圣境殿的脊饰、宝顶及正吻也相当出色（图3-31～图3-33）。

图3-31 空王行祠宝顶

图3-32 空王行祠屋角仙人

图3-33 空王行祠大吻

52

砖雕多为清代作品，典型的如二郎庙正殿墀头砖雕和真武庙正殿墀头砖雕，均华美细腻，极大地丰富了建筑的表现力（图3-34～图3-37）。悬塑这种装饰形式的现存实例中以真武庙正殿檐下"二龙戏珠"悬塑最为精巧，两条龙蜿蜒生动，呈嬉戏状，对称布置在斗栱两侧。

图3-34 真武庙墀头砖雕

图3-35 二郎庙山门墀头砖雕

图3-36 二郎庙正殿墀头砖雕

图3-37 关帝庙正殿墀头

二、重要组群

1.可罕庙

可罕庙位于南堡门内东侧高约3.5米的高台上，为一进四合院形制（图3-38～图

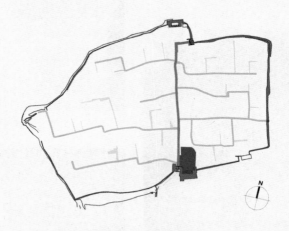

图3-38 可罕庙在村落中的位置图

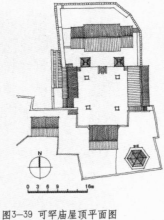

图3-39 可罕庙屋顶平面图

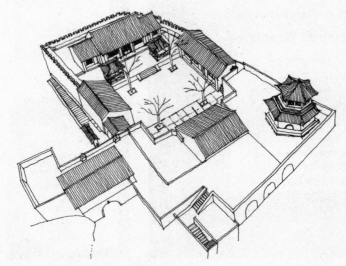

图3-40 可罕庙与魁星楼整体鸟瞰图

图3-41 可罕庙屋顶鸟瞰图

3-41）。可罕庙别名疙瘩庙[1]，可罕王祠，鞑王庙，是古堡内历史最为悠久的庙宇。其正殿前廊下有明天启六年（1626年）所立的《重修可罕庙碑记》，记载了彼时"此村惟有可罕庙，创自何代殊不可考，而中梁书'延祐元年（1314年）重建'云"[2]。据此可知，该庙在元代已经存在并进行过重修。

"可罕庙"为祭奠"可罕"而修建。《重修可罕庙碑记》载："可罕，夷狄之君长也……以我中国人祀之，礼出不经。然有其举之莫敢废也。况神之福庇一方……而祀典又安可缺耶？"[3]可知其由来历久，至明代时已经不能清楚地说出其来历，只能在"有其举之，莫敢废也"的惯性作用下传承延续了（图3-42、图3-43）。

图3-42 可罕庙可罕神像

图3-43 可罕庙正殿檐廊下碑刻

1　据说是因为可罕庙基础为利用天然垣土堆建的。

2　《重修可罕庙碑记》载："邑之东南张壁村，绵山环亘焉。古地肥润，人居稠密，诚南乡之巨擘也。兼且五日一雨，十日一风，旱魃不为灾，蝗虫不入境。适其地，见其嘉禾遍野，问其人，咸颂年岁丰登，原阙所繇，非神之呵护默佑不至。此村惟有可罕庙，创自何代殊不可考，而中梁书'延祐元年重建'云。第年深日久，墙垣不无倾圮，彩色不无剥落，睹故宦而泣下者有之。"

3　明天启六年（1626年）《重修可罕庙碑记》，现存于村内可罕庙。

　　该庙早期历史已不可考。明万历四十七年（1619年）秋，因可罕庙"年深日久，墙垣不无倾圮，彩色不无剥落"[1]，村人进行重修。此时，正殿西侧的"子孙圣母祠"已见于记载。清嘉庆八年（1803年），因可罕庙后山"忽崩塌崖山数丈"，于是"……纠首会村众，而好事举矣。崖仍用土筑而坚固倍之，西崖临街数丈易为砖墙，上庙行路尽修为砖阶。南门楼围墙亦易旧而为新，又于庙院中坤地新增一茅窨，而奎楼下茅房、驴圈尽去……"[2]清嘉庆十三年（1808年），魁星楼迁建至今址。[3]至此，该庙格局大体形成。

　　受所在地地形影响，该庙虽坐北向南，但其正门却坐东朝西开于院落的西南角，并正对大门设一座一字形影壁，再通过长长的"礓磋"与主街相连。院落东西宽约25米，南北长约50米，于院落北端设高约1.2米的月台，可罕庙正殿及东西朵殿巍然其上；正殿对面，坐落着古戏台一座，与东西两侧的厢房一起围合整座院落（图3-44～图3-49）。

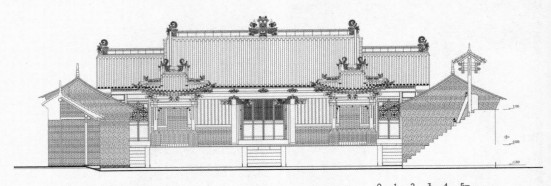

图3-44 可罕庙院落横剖图

0　1　2　3　4　5m

图3-45 可罕庙院落纵剖图

0　5　10　15　20　25m

1　明天启六年（1626年）《重修可罕庙碑记》，现存于村内可罕庙。
2　清嘉庆八年（1803年）《补修可罕王庙碑记》，现存于村内可罕庙。
3　清道光十一年（1831年）《重建奎楼山门碑记》，现存于村内真武庙。

图3—46 可罕庙正殿

图3—47 可罕庙戏台

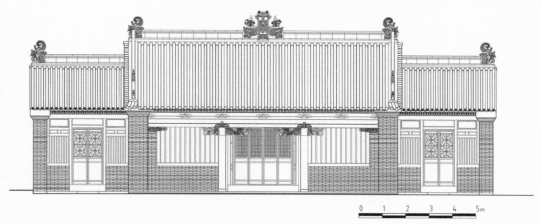

图3—48 可罕庙正殿及耳房

值得注意的是：一是可罕庙不同于一般的庙宇，它与整个堡寨防御体系的结合最为紧密，不但其选址于村落最高处，且通过庙院设有台阶，可直通南侧堡墙顶部进行防御，台阶尽端有垂花门（图3—50）；在其东厢房的南尽间还设有村落地道的入口；在该庙正殿西侧及北侧等面向村落的部分，还设有雉堞式围墙。以上这些都印证了可罕庙作为早期军事聚落时指挥场所的职能（图3—51）。

图3—49 可罕庙正殿脊饰

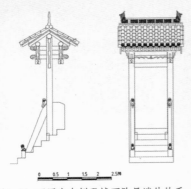

图3-50 可罕庙东侧登城石阶尽端处的垂
花门

图3-51 可罕庙与南侧堡墙鸟瞰

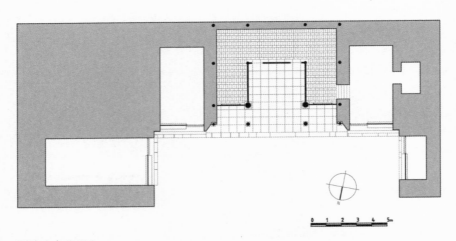

图3-52 可罕庙戏台平面图

　　二是该庙的戏台建筑，不但前后台分明，上下场门清晰，且两侧设八字影壁，显示其
戏台形制已较为成熟；同时，戏台北侧的铺地被划分成5排12列约1米见方的格子，每个方
形均由河卵石拼贴出莲花图案，从尺度及方位来看应为看戏时较有地位的观众所坐的"贵
宾席"，"贵宾席"与普通看座区由过道铺地来划分。按村中的说法，"贵宾席"区域地
下有地道穿过，加之戏台两侧的影壁与砖窑均有聚声的作用，当有演出时这里会形成独特
的混响。这些都说明戏台与院落东西两侧的砖窑相配合，从技术上和空间安排上均已形成
了较为成熟的观演场所（图3-52～图3-56）。

图3-53 可罕庙戏台东侧影壁

图3-54 可罕庙戏台西侧影壁

图3-55 可罕庙戏台雀替

图3-56 可罕庙院内铺地

2．关帝庙

　　张壁村关帝庙位于南堡门外，其修建和明末的社会动乱密切相关。张壁村紧靠的绵山，历来为强盗出没之所，至"明末贼寇猖獗之时，附近乡邻俱受侵凌。遇有贼寇来攻，有'赤面大汉乘赤马者'神兵相助，使得贼不能入。平定之后，村众曰：'吾乡仰赖关圣帝君保护平安，理宜建庙祀之。'彼时惜无宽广之地，逼门草创一间以权祀之"[1]。故张壁村关帝庙初建于明末，又因关帝显圣于南堡门，故该庙坐南向北，与一般的庙宇建筑大不相同（图3-57）。

　　至清康熙四十七年（1708年），"有僧了道与贾公讳国印者相善，言曰：'见贵村门外，关帝庙临街，献祀之际甚属不洁，何不重建以伸其诚？'"同时村中有意修缮关帝

图3-57 关帝庙正殿

1　清康熙五十年（1711年）《关帝庙重建碑记》，现存于村内关帝庙。

庙亦久矣，大家皆踊跃起意重修关帝庙，于是"会通香老张大祯、贾云瑞，会请纠首公议，按地公派"。只是因戊子年（1708年）天时不利，又拖到己丑年（1709年），方才起工。"大殿圣像于九月告成，修水陆会场"，"至庚寅修僧舍砖窑四眼，钟鼓二楼"，并卖掉村中一棵古柏筹银一百二十两，"至辛卯（1711年）修建山门乐台三楹"。如此历时三年，动用了三千五百余工，终于使得关帝庙焕然一新，具备了较为规整的形制。[1] 至康熙五十九年（1720年），又将"土墙改为砖墙，土院增砌砖院"。并在庙院东边建旗杆一根，茶棚一间，"以济往来行人之渴"。[2] 形制进一步完备。至清乾隆五十六年（1791年），创建献殿，"又补修正殿，旁殿以及乐楼戏台、墙院，无不振旧如新。鹏翔尤不慊意，独力金妆彩画，由是翚飞鸟革比其华，刻桷丹楹方其丽。虽往来观瞻者未免踾事增华之诮，然必如是而尊神之敬意始伸，人心之抱憾始释。"[3] 这样，关帝庙的形制最终得以完备（图3-58～图3-74）。此后的清道光十五年（1835年）虽进行了较为广泛的修缮，基本形制却并未改动。[4]

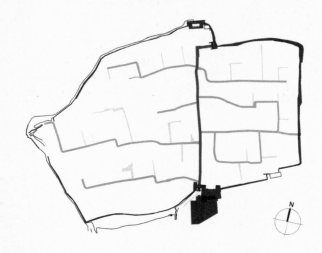

图3-58 关帝庙在村落的位置

图3-59 关帝庙平面图

1　清康熙五十年（1711年）《关帝庙重建碑记》，现存于村内关帝庙。
2　清康熙五十九年（1720年）《增修墙垣墁院碑记》，现存于村内关帝庙。
3　清乾隆五十六年（1791年）《新建献殿碑记》，现存于村内关帝庙。
4　清道光十五年（1835年）《重修仪伏补葺彩绘碑记》，现存于村内关帝庙。

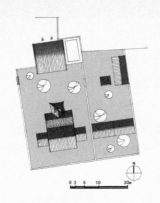

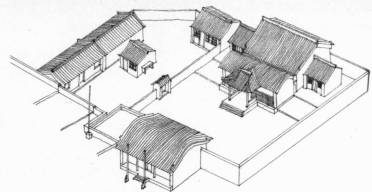

图3-60　关帝庙屋顶平面图　　　　图3-61　关帝庙轴测图

图3-62　关帝庙顶视图　　　　　　图3-63　关帝庙鸟瞰图

　　关帝庙主体为一进院落，山门及戏台、献殿、正殿及朵殿等主体建筑沿轴线自北至南顺次布置，外围通过围墙围合成完整院落。

　　山门为三开间卷棚顶，面向院内正殿方向出抱厦一间，并设有"出将""入相"门，形成过路戏台，戏台两侧沿台口设小型八字照壁。献殿亦为三开间卷棚顶，明间向山门方向出歇山顶抱厦一间，与山门戏台所出抱厦相对，共同加强了整组建筑的轴线（图3-64、图3-65）。正殿及朵殿居于组群最南端，其中正殿为面阔三间的硬山顶建筑，殿内正中间供奉关帝神像，周仓捧刀、关平抱印侍立两旁。左右朵殿分别为"山神土地庙"、"虫蝗庙"。

　　关帝庙东侧附属有东跨院一座，形制较为简单，但院中立一座单开间砖木建筑，正在可罕庙轴线上正对可罕庙正殿方向，但因其地势较低，与可罕庙并无直接的组织关系。有

图3-64 关帝庙正殿前献殿

图3-65 关帝庙献殿屋顶侧面

图3-66 关帝庙东跨院泥包铁像

图3-67 关帝庙正殿龙身雀替

图3-68 关帝庙山门门当

趣的是，前些年在对可罕庙戏台南侧窑洞进行修缮时，在砖墙里发现了一座隐蔽的神龛，里面供奉着一座菩萨像，菩萨像的内部却隐含着一座铁制神像，这座东跨院也就成为供奉这座"泥包铁像"的独特院落了（图3-66）。

关帝庙内装饰较为繁复，正殿及献殿木雕与彩绘均较出色，尤以龙、象题材的雀替雕刻及彩绘为妙。象则白色象首，双目含笑，卷鼻尖牙；龙则金色鳞片，青须白角，衬托出庄重而严肃的气氛（图3-67）；门当处为一对石狮子，现状保存完好（图3-68）。

关帝庙正殿壁画绘制于清康熙五十年（1711年），距今三百余年。工笔细腻，色彩艳丽，保存完好。绘画内容为关帝生平经历，有刮骨疗毒、三战吕布、桃园三结义、诛颜良、延津诛文丑、义释曹操、走荐诸葛、古城斩蔡阳、单刀赴会、过五关斩六将、千里走单骑、水淹七军等25个征战故事（图3-69～图3-78）。

壁画历经三百多年依然色彩鲜艳，其原因一方面为采用天然矿物质颜料，一方面得益于关帝庙建筑坐南朝北，室内晒不到阳光，同时也因张壁地处黄土高原，气候干燥。

图3-69 关帝庙壁画——刮骨疗毒[1]

---

[1] 《三国志·蜀书·关羽传》载"刮骨疗毒"："羽尝为流矢所中，贯其左臂，后创虽愈，每至阴雨，骨常疼痛。医曰：'矢镞有毒，毒入于骨，当破臂作创，刮骨去毒，然后此患乃除耳。'羽便伸臂令医劈之。时羽适请诸将饮食相对，臂血流离，盈于盘器，而羽割炙引酒，言笑自若。"

图3-70 关帝庙壁画——三战吕布[1]

图3-71 关帝庙壁画——桃园三结义[2]

1　《三国演义》第五回载"发娇诏诸镇应曹公 破关兵三英战吕布"。
2　《三国演义》第一回载"宴桃园豪杰三结义 斩黄巾英雄首立功"。

图3-72 关帝庙壁画——诛颜良[1]

1　《三国演义》第二十五回载"诛颜良"。

图3-73 关帝庙壁画——延津诛文丑[1]

图3-74 关帝庙壁画——义释曹操[2]

1 《三国志·蜀书·关羽传》载"延津诛文丑"。《三国演义》："……文丑沿河赶来。忽见十余骑军马，旗号翩翻，一将当头，提刀出马而来，乃汉寿亭侯关云长也，大喝一声：'贼将休走！'与文丑交马，战二合，文丑心怯，拨回马绕河而走。关公马是千里龙驹，早赶上文丑，脑后一刀，将文丑斩下马来。后有诗赞关公诛文丑。诗曰：誓把功勋建，须将恩义酬。奋身诛虎豹，用命统貔貅。白马颜良死，延津文丑休。英雄谁可似？不负寿亭侯！"
2 《三国演义》第五十回载"诸葛亮智算华容 关云长义释曹操"。

图3-75 关帝庙壁画——走荐诸葛[1]

图3-76 关帝庙壁画——古城斩蔡阳[2]

1　《三国演义》第三十六回"玄德用计袭樊城 元直走马荐诸葛"。
2　《三国演义》第二十八回"斩蔡阳兄弟释疑 会古城主臣聚义"。

图3-77 关帝庙壁画——单刀赴会[1]

1　《三国演义》第六十六回"关云长单刀赴会　伏皇后为国捐生"："关平曰：'鲁肃相邀，必无好意，父亲何故许之？'云长笑曰：'吾岂不知耶？此是诸葛瑾回报孙权说吾不肯还三郡，故令鲁肃屯兵陆口，邀我赴会，便索荆州。吾若不往，道吾怯矣。吾来日独驾小舟，只用亲随十余人，单刀赴会，看鲁肃如何近我！'平谏曰：'父亲奈何以万金之躯，亲蹈虎狼之穴，恐非所以重伯父之寄托也。'云长曰：'吾于千枪万刃之中，矢石交攻之际，匹马纵横，如入无人之境，岂忧江东群鼠乎？'"

图3-78 关帝庙壁画——鲁肃

3．二郎庙

二郎庙位于北堡门瓮城以北，是张壁村与北侧"天沟"之间的最后一道保护屏障，应该是为了应对主街汇水对北侧山体造成的冲刷而建，以防止水土流失对村落边界形成破坏（图3-79～图3-82）。

二郎庙创建于清康熙二十七年（1688年）。张壁村人深知"赖以堡墙完固"才使得他们在明末清初盗寇猖獗的时期没有像邻村一般"不无蹂躏"，所以在盛世康阜之年便想到要为"未雨绸缪之事"。考察张壁周边地形，南侧背靠绵山而东西临沟壑，只有北侧有一片平底连向下山道路，于是便从这里入手："为未雨绸缪之计，于堡之北门增筑甕圈，内建神庙一座。工既竣，属余以勒之贞珉，用以昭示来兹。余尝考祀典……民者，则祀之

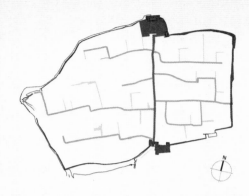

图3-79 二郎庙在张壁村的位置

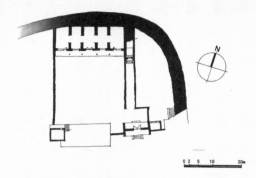

图3-80 二郎庙首层平面图

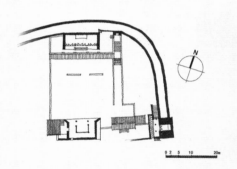

图3-81 二郎庙二层平面图

图3-82 二郎庙顶视图

也。二郎尊神，威灵显赫，护法降魔，其有功以民也大矣，故祀之矣。"[1]这样才选定了供奉"二郎神"，故在康熙二十七年（1688年）便已经形成了二郎庙于北堡门外的格局。至乾隆十一年（1746年），因堪舆家有言"倘此庙而再高数仞，则藏风敛气而兴发，是村者当更不知其何如盛也。"所以村中又积极建设，使正殿形成了现在所见的下窑上房的形制，同时，还增建了戏台，使得二郎庙形制趋于完备。至清道光二十四年（1844年），重建正殿等建筑的同时，又新建了影壁。

二郎庙为一进院落，由山门、正殿、戏台及其西侧的三孔锢窑组成，院落南北长约24米，东西宽约30米。其中，二郎庙正殿以五孔砖窑为基座，上建面阔三间的单檐硬山顶木

1 清康熙二十七年（1688年）《创建二郎神庙记》，现存于村内二郎庙。

构大殿，其下砖窑进深8米，高近6米，内部为纵横相交的十字窑形式；砖窑东西两侧皆有上到正殿的台阶，东侧设门"别有天"，门后台阶尽端设痘母宫（图3-83、图3-84）。

院落南侧为戏台，为面阔三间的单檐硬山顶砖木结构建筑。该建筑坐南朝北，面向二郎

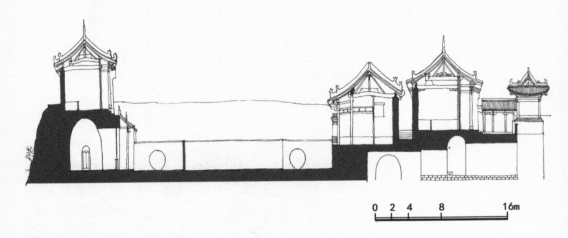

图3-83 北堡门庙宇群纵剖面

图3-84 二郎庙正殿

庙正殿而建。台基高近两米，平面中间开间设"出将" "入相"门，明间柱距明显加大，两侧台口处设小八字影壁，种种特征显示其已是形制较为完备的戏台（图3-85、图3-86）。大门设在戏台东侧，为单檐硬山顶砖木结构建筑，向瓮城开门（图3-87、图3-88）。

图3-85 二郎庙戏台

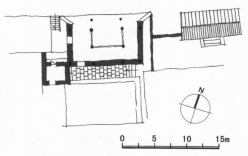

图3-86 二郎庙戏台平面图

图3-87 二郎庙山门门墩

图3-88 二郎庙山门石狮

4. 兴隆寺

兴隆寺位于村落北门内侧的龙脊街西侧、西涝池北侧地势较高处，是一处年代相对悠久的佛寺，又被称为“古刹寺”（图3—89～图3—92）。按院内残碑记载“……北门里有寺一座名曰古刹，其地高明，坐坎向离……散人逸士有志登山迈内岭者，无不游憩于斯……第历年既久……”[1]其于明代隆庆年间（1567～1572年）由富贾捐资“加赠南禅堂三间，东西廊各三□深邃”，至明万历二十二年（1594年），又由主持僧协同村中相关人员“于正殿则接重檐，换格扇，于南禅堂则起盖焉，于东西廊□妆”而终于“周围四壁，重叠彩绘，烨然可观”；至20世纪40年代末，兴隆寺在战乱中受损，2006年重修。

该寺由一进山门的钟院、东跨禅院和西跨庙院组成，占地约1400平方米。组群南端的起点为影壁，正对山门（图3—93）；山门坐北向南，为三开间硬山顶；山门后的钟院内有一座灰瓦

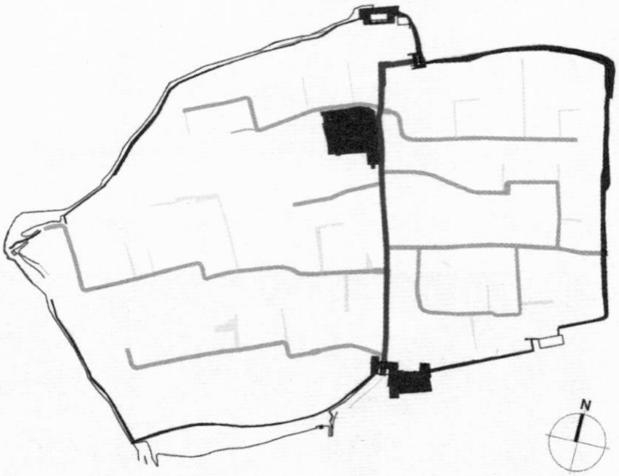

图3—89 兴隆寺在张壁村的位置

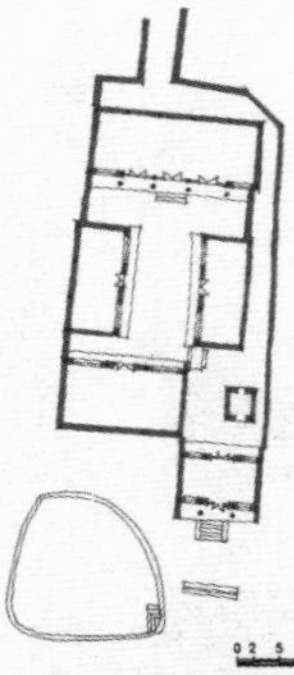

图3—90 兴隆寺平面图

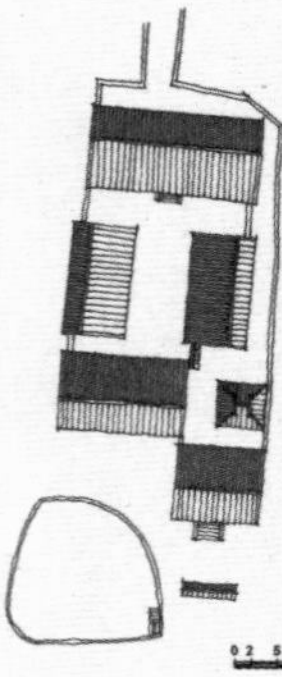

图3—91 兴隆寺屋顶平面图

图3—92 兴隆寺鸟瞰图

1 现状碑刻信息残缺。

歇山顶钟楼，通过设于其西侧院墙上的随墙门进入庙院。

值得注意的是，兴隆寺和北堡门的交通联系十分密切，庙院北侧设有连接三大士殿的平台，经此平台东侧台阶可下到禅院内，而禅院则向龙脊街开门。也就是说，经兴隆寺可直达北堡门上部的防御平台，同时，又与龙脊街联系密切。

图3-93 兴隆寺影壁

5. 真武庙、三大士殿、空王行祠

真武庙、空王行祠和三大士殿是与北堡门密切结合的一组建筑，其中，真武庙建在北堡门正上方，虽然其始建年代不详，早期修缮记录也难得一见，但其位置重要，应为整个堡寨空间结构中的重要节点，故其始建时间应较早，现存实物为清嘉庆十三年（1808年）重修后的产物；空王行祠建于明万历三十三年（1605年），三大士殿则建于清康熙三十一年（1692年）（图3-94、图3-95）。

真武原为玄武，是道家主神，相传"镇北方，主风雨"[1]。宋朝之后对真武的尊崇逐渐发展，宋代赵彦卫《云麓漫钞》卷九有文"祥符间避圣祖讳，始改玄武为真武"[2]。在明代

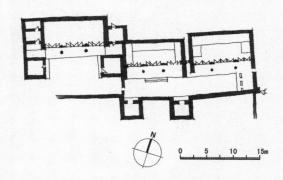

图3-94 真武庙、空王行祠、三大士殿组群平面图

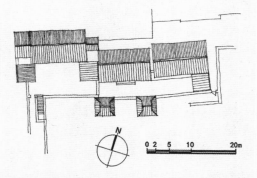

图3-95 真武庙、空王行祠、三大士殿屋顶平面图

1　《重修纬书集成》卷六《河图帝览嬉》。
2　陈志华等著.张壁村.河北教育出版社.2002.79.

真武被明成祖封为"北极镇天真武玄天上帝"后，更是引起了兴建"真武庙"的浪潮，整个明代各地兴建真武庙的记载层出不穷。张壁村的真武庙正位于古堡北门之上，与真武神镇守北方的观念十分符合。

真武庙由正殿及钟鼓楼组成（图3-96～图3-98）。正殿面阔三间，单檐硬山顶；殿内正台上塑主像真武，左右塑龟蛇二将，台前立周公、桃花女小像，再两侧为道教水火十大元帅，周围墙壁则绘制真武"武当山"修仙的故事。钟鼓楼立于正殿北侧，其台基凸出北堡门堡墙，形成对北堡门的拱卫之势。

真武庙殿内两侧壁画所绘的是真武大帝在武当山修仙的故事，皆为脍炙人口的传说，壁画色泽浑厚，细腻繁复，栩栩如生（图3-99～图3-106）。

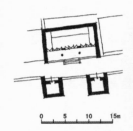

图3-96 真武庙平面图

图3-97 真武庙顶视

图3-98 真武庙与北堡门

图3-99 真武庙壁画——武当山修炼

图3-100 真武殿壁画——专心修行[1]

1　壁画"专心修行"说的是：真武日夜修炼，任凭鸟兽做窝、荆棘缠绕都丝毫不动。因为常年不食五谷，真武将自己的肠胃从体内拿出丢掉，就这样整整修炼了四十二年。

图3-101 真武庙壁画——仙人相助

图3-102 真武殿壁画——紫元君点化真武[1]

---

1 壁画"紫元君点化真武"说的是：期间有一次，真武自觉苦练无功，十分丧气想要放弃，突然看见一位老人正在用铁杵磨针，真武内心顿悟，修仙亦是一样的道理，原来这位老人便是特意来点化真武的紫元君。

图3-103 真武殿壁画——丰乾大天帝赠宝剑[1]

---

1 壁画"丰乾大天帝赠宝剑"说的是：在真武修行的过程中，仙道中妙乐天尊收真武为徒，丰乾大天帝将北方黑
驰衮角断魔雄剑赠送他。传说中此剑长七尺二寸，重二十四斤，以应七十二候、廿四时；阔四寸八分，以应四时
八节；民间俗称为七星剑。

图3-104 真武殿壁画——真武

图3-105 真武殿壁画——真武成仙1[1]

图3-106 真武殿壁画——真武成仙2[2]

  神像背后的墙壁上绘有十二幅"屏风"，画面中有麻雀、喜鹊、鸳鸯、白鹭、金丝鸟、凤凰、仙鹤、鸡、鸭、孔雀、鹌鹑等与大自然和谐共处的场景，被称为十二禽戏图。画作从右至左以喜鹊报春开页，到十二幅用鹌鹑安春结尾，画面里的禽鸟自由地栖息、浮水，留给人的是春去花常开、人近鸟不惊的美好景象。整个图面功笔细腻，用料讲究，历经二百多年依然色泽艳丽，深得专家们的赞誉（图3-107）。

  空王行祠位于真武庙东侧，是为供奉唐贞观年间于绵山抱腹寺成佛的空王佛田志超而建。明代中后期，绵山一带有关空王佛的古迹重修或创建活动较为活跃，如明正德十一

1、2　壁画"真武成仙1、2"说的是：真武即将得道之时，一位美女来到真武身边搔首弄姿，真武丝毫不为所动，并斥责其轻浮，直逼得那女子跳崖而亡。后真武自觉过分，想要随之跳崖作为补偿，却被五龙捧圣，终于得道，坐镇北方。

图3-107 真武殿神像后屏风

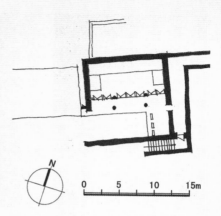

图3-108 空王行祠平面图

图3-109 空王行祠内神像

图3-110 空王行祠内神像基座

年（1516年）其坐化处的云峰寺获得重修，明嘉靖四十三年（1564年）回銮寺重修，明天启元年（1621年）宝峰寺重修[1]。因张壁村"乃空王佛之要路，凡散人到此，无不止息"，故于万历年间创建此祠（图3-108）。

空王行祠主体建筑为大殿，面阔三间，单檐悬山顶。殿内正中设有一佛两菩萨两弟子共五尊立像，偏塑银公、摩斯等空王佛座下两位弟子（图3-109～图3-111），墙上则绘制关于空王成佛的壁画。

图3-111 空王行祠内泥塑

1　乾隆三十五年（1770年）修《介休县志》。

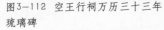
图3-112 空王行祠万历三十三年 图3-113 空王殿壁画——唐王谢雨
琉璃碑

　　空王行祠屋脊上的琉璃十分精彩，堪为明清时期介休琉璃的代表作。两侧吻兽为龙首造型，正中宝顶为狮瓶楼阁，整个屋脊为龙身舞动，伴有雷公电母琉璃座穿插其间，色彩丰富且热闹非凡。立于檐下廊下的两座孔雀蓝琉璃碑更是海内孤品，弥足珍贵（图3-112）。

　　空王行祠内壁画绘制于明万历四十一年。左侧内容为唐王李世民来绵山谢雨，空王等三圣不肯屈见，坐化成真，天王降示"入灭圣人空王佛"的一段故事（图3-113）。传说在贞观十四年（640年），太宗因陕中大旱前来祈雨，志超和尚用一瓢淘米水解除了干旱。次年，太宗召志超进宫，志超不就，太宗便亲自来绵山朝拜谢恩，却得知其已于三月十一日圆寂。太宗内心悲痛，叹道：此行空望佛也！忽见天边金光闪现，出现了志超和尚的形象和"空王古佛"四字，原来志超和尚本是空王佛转世。

　　右侧墙面上画着绵山抱腹岩上挂满善男信女们还愿的铃铛的景象，云峰寺掩映着栈道，铁索岭崖高壁立，铁索逶迤，120个台阶高耸入云，山路上骆驼帮忙运送粮草，将军身穿战袍，战旗飘飘（图3-114）。两侧山墙三角墙壁处描绘的是黄土垣及沟壑的曼妙风光（图3-115、图3-116）。

　　神像左侧墙壁上描绘的是空王生平的传说：空王历劫降世应化成田志超，于虹霁寺虹霁塔使钟担水，后被识破天机，从山崖滚落，随上绵山修行。之后志超熟读经书，日夜修炼，并在山中创立禅林，名声渐胜，吸引大批有识之士。隋大业初年，隋炀帝下令封闭寺院，严管僧

图3-114 空王殿壁画——运送粮草

图3-115 空王殿壁画——山水风光

图3-116 空王殿壁画——山中求索

图3-117 空王殿壁画——绵山胜景

侣。志超听闻后护法心切，四处拜访官吏，走访郡城，希望能够将自己的想法传达给官场。

神像右侧墙壁上描绘有绵山胜景摩斯塔、铁瓦寺、竹林寺等（图3-117、图3-118）。可以看到虹霁寺山脚下有个十三拱的虹霁大桥，这座桥在20世纪70年代被拆。介休十景之一的"虹桥夜月"就是这座桥（图3-119）。

三大士殿坐落于真武庙西侧，与空王行祠相对而建，通过一道小垂花门与真武庙组群分隔开来，下连兴隆寺的禅院。整组建筑由正殿及耳房、东西戒房组成（图3-120）。正殿面阔三间，单檐悬山顶，殿内供奉观音、文殊、普贤三位菩萨。

图3-118 空王殿壁画——摩斯塔

图3-119 空王殿壁画——虹霁大桥

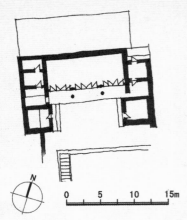

图3-120 三大士殿平面图

图3-121 南堡门外

6. 西方圣境殿、吕祖阁、永春楼

　　和一般的庙宇不同，西方胜境殿、吕祖阁和永春楼虽然也供神像，但却是和堡门、巷门结合更为密切的公共建筑类型。从性质上而言，其防御功能更为本质，也更为突出，只是又在其内供奉神像，从而加强了心理防御的层次而已。

　　西方圣境殿坐落于南堡门正上方，村中也称之为"小西天"（图3-121）。现存建筑为清雍正九年（1731年）重修的产物。[1]该建筑面阔三间，单檐悬山顶，屋顶大量施用华丽

1　清雍正九年（1731年）《重修金妆西方圣境碑》，现存于村内西方圣境殿。

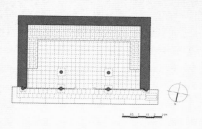

图3-122 西方圣境殿平面图

图3-123 南堡门与西方圣境殿南立面

图3-124 南堡门与西方圣境殿北立面

图3-125 西方圣境殿正脊大样

图3-126 西方圣境殿瓦当及滴水大样

的琉璃屋脊、宝顶及吻兽，屋面也为黄色琉璃（图3-122～图3-126）。

　　吕祖阁位于北堡门外门"德星聚"门上，供奉的是道教"纯阳祖师"吕洞宾。阁草创于清道光十一年（1831年）[1]，后于清光绪二年（1876年）大规模重修[2]，形成今日所见之规模。该建筑虽号称"阁"，却仅是坐落于城门顶部的一座单层木构建筑，面阔三间，单檐硬山顶。永春楼位于村内贾家巷巷门上方，实为贾家巷的更楼。

1　清道光十一年（1831年）《重建奎楼山门碑记》，现存于村内真武庙。
2　清光绪三年（1877年）《重修吕祖阁碑记》，现存于村内二郎庙。

7. 魁星楼

　　魁星楼建于可罕庙南侧砖窑顶上东南角，同时也是村落东南方向的地势最高处，按照传统风水学说，在此处布置高阁可以提振文风、帮助村中学子们考取功名。事实上，张壁村魁星楼也正是在这一思想的影响下于清嘉庆十三年（1808年）由村外移建于此处的。同时，"第旧址颇窄，因复广地若干，又从而砖砌之，下接砖窑二间，上建阁三楹，高插云汉。旁立灯杆一座，元灯不坠。"[1]现魁星楼为2006年重修的产物，坐南朝北，正六边形平面，砖木结构，底层于石砌台基之上砖砌屋身，上部则全用木构，形成两层的楼阁，上下楼层之间由内部木楼梯连接（图3-127～图3-129）。

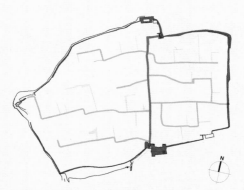

图3-127 魁星楼在张壁村的位置

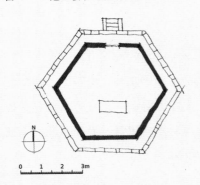

0　1　2　3m

图3-128 魁星楼平面图

图3-129 魁星楼立面

1　清道光十一年（1831年）《重建奎楼山门碑记》，现存于村内真武庙。

张壁古堡的 居住建筑

JUZHU
JIANZHU

一、概述

1. 分布

　　张壁村现存居住院落一百三十余处，保存较为完整的有三十余处，其中有21处院落在十年前被确定为保护院落。这些院落大多数分布在龙脊街西侧，且规模较大建筑做法较精致，而位于龙脊街东侧的院落则普遍规模较小且相对朴素（图4—1）。

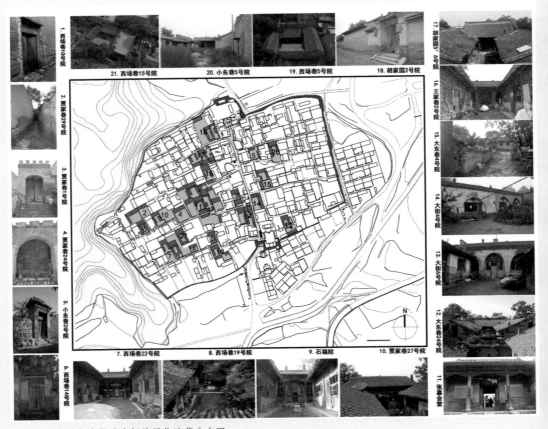

图4—1　古堡内保存较为完好的居住院落分布图

村内现存传统居住建筑多为清代乾隆至道光年间所建，尤以乾隆年间为多（表4—1）。

张壁村已知建筑年代情况一览表

表4—1

序号	建筑组群	建设年代	题记	花梁照片
1	小东巷5号院	乾隆七年（1742年）		
2	西场巷19号院	乾隆三十四年（1769年）	乾隆己丑孟□□旦	
3	大东巷24号院	乾隆四十一年（1776年）	乾隆丙申桂月之吉	
4	靳家巷10号院	乾隆四十六年（1781年）		
5	大东巷17号院	乾隆四十九年（1784年）		
6	胡家园2号院	乾隆四十九年（1784年）		
7	王家巷2号院	枋下题字：乾隆四十九年（1784年）门牌题字：乾隆甲寅（1794年）	"岁大清乾隆四十九年闰三月初二日丁已宜用辰时立柱午时合龙口上梁大吉大利"及"宅主扶梁通利人贾元良男世禄/福吉祥如意谨志井风水卦"（枋下）"乾隆岁次甲寅三月吉日"（门匾）	

续表

序号	建筑组群	建设年代	题记	花梁照片
8	小东巷10号院	乾隆五十一年 (1786年)		
9	贾家巷24号院	乾隆五十三年 (1788年)		
10	西场巷22号院	嘉庆十年 (1805年)	"峕大清嘉庆拾年岁次乙丑闰六月初三日宜用辰时立柱巳时上梁大吉""挑梁宅主通利人张义维男文炜孙世信／杰吉祥"	
11	大街6号院	道光十一年 (1831年)		

2.形制特点

　　受晋中地区气候条件、古堡这种聚落形态下用地有限、整体地势南高北低以及长期经历战争及匪患动乱等历史文化的影响，张壁村内居住建筑的形制整体表现出组群布局以场院为主、院落组合上多跨院而少进院、窄院突出、单体建筑配置中窑洞为主以及防御性强等特点，极具地域性。具体如下：

　　（1）场院

　　张壁村的居住建筑中，除了用于生活起居的成进建筑院落外，还常附有一处面积较大、多与建筑院落东西并列或位于居住院落前部的"场院"。这些场院，或者用于栽种果树和蔬菜，以满足村内家庭日常佐餐食用的需求；或者兼作停放车马、农具的室外场所，以满足农业生产存放生产工具、商业活动存放车马用具的需求。无论如何，都可以满足村内生产、生活的基本需求，并带有一定的"自给自足"的性质（图4-2、图4-3）。

（2）多跨院而少进院

　　张壁村整体地势南高北低，且高差变化明显。为充分合理地利用土地，该村自南向北形成了几个地势依次降低的"台地"，各居住院落就分布在这些台地上。台地之间地势高差可达2～3米甚至3米以上；为保证各层台地之间的联系和相对私密性，每层台地的进深就不可能过大，因此，台地上的居住建筑的院落总进深就受到限制。在因家庭结构较为复杂而需要建设较大规模宅院的时候，前后台地之间连缀组合不便，只能采用东西向多组跨院联合的办法（图4-4、图4-5）。这就形成了村内居住建筑多跨院而少进院的总体特点。

图4-2 村内"场院"分布图

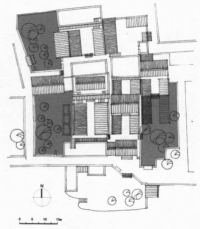

图4-3 张嘉会堂三种功能的场院布局平面图

图4-4 胡家园5、6号院跨院鸟瞰

图4-5 大街6号院跨院鸟瞰

（3）极强的防御性

历史上，张壁村曾作为军事聚落而存在；明清时期，又多次面临匪盗的滋扰。因此，村内居住建筑的防御性极强。从院落整体布局上看，院落外形多为规整的方形，这使得院落外围不会产生阴角空间，从外面很难徒手攀爬；而且院落对外极度封闭，无论正房还是厢房、倒座，一般不向街巷开门开窗；由正房后檐墙及山墙、厢房后檐墙及院墙连缀而成的院落界面尺度高大，远超过人的身高，十分有利于防御；同时，即便是院墙，其墙顶也多为平滑或仅出较少砖檐，减少了匪徒利用钩索攀爬的机会；有的在正房锢窑和倒座锢窑的顶部设雉堞，遇到突发情况可以从院落登上屋顶，居高临下进行防御（图4-6~图4-8）；更为奇妙的是，村中的主要居住院落还往往与堡内的地道相连，如果遇到难于抵抗的情况，还可以通过地道逃生至堡外，如西场巷22号院，即在正房后设有后窑和密门连通地道（图4-9）。凡此种种，均凸显出村内居住建筑防御性极强的特点。

图4-6 西场巷15号院封闭院落鸟瞰

图4-7 石福院外墙尺度

图4-8 贾家巷27号院院墙墙顶

图4-9 西场巷22号院正房暗门

（4）群体组合特点

在群体组合方面，张壁村内的居住建筑多以砖砌锢窑作为正房（图4-10），以单坡木构建筑为厢房（图4-11），而倒座房则比较随意，或为砖砌锢窑，或为双坡木构建筑，还有的干脆不设。这种组合方式，一方面，砖砌锢窑的正房保证了主要居住空间冬暖夏凉的室内环境，对于冬冷夏热的晋中地区而言，十分适合，砖砌锢窑的平顶又可兼作谷物晾晒场所；另一方面，单坡木构建筑可以尽可能增加屋架结构的高度，使厢房的后檐墙尽可能高大，有利于增强防御性，同时，木构大梁以上的空间还可用来作为储藏空间，完善居住院落的功能配置（图4-12、图4-13）。

图4-10 西场巷19号院正房锢窑

图4-11 张嘉会堂厢房木构

图4-12 大东巷24号院厢房二层储藏空间

图4-13 胡家园2号院倒座房木构

（5）窄院

村内居住院落为典型的晋中"窄院"。所谓"窄院"，主要是指院落空间多表现为南北向狭长、东西向较窄的形态，一般南北向长度为9～15米，东西向宽度为3～5米，南北向院落长度与东西向院落宽度之比可达2:1甚至3:1。这一方面是因为防御要求院落东西向宽度等于正房面阔宽度，厢房的后檐墙要与正房山墙平齐，在正房面阔多为三间的情况下，除去厢房所占空间，院落宽度一般只相当于正房1间的面宽；而院落的南北向长度要取决于厢房的通面阔，在厢房多为2间至3间的情况下，院落就成为狭长的"窄院"了。这种院落空间，也适合遮挡晋中地区夏季的阳光直射，有利于形成阴影空间；冬季，该地区多采用燃煤取暖，对日照的依赖不强；而且，由于其正房多为锢窑，窑顶又可以用来晾晒谷物，这样，农业生产也不依赖院落空间了。因此，这种"窄院"就成为主要考虑夏季避免阳光直射而采取的院落形制了（图4—14、图4—15）。

图4—14 西场巷5号院窄院

图4—15 贾家巷24号院窄院

（6）单体形制

正房多为一明两暗的锢窑窑洞形制，中间窑洞正中设门，进入后即为堂屋，堂屋后部为祭祀祖先的场所，设有供桌；堂屋左右两侧为长辈卧室，卧室内窗下设土炕，与堂屋内的灶台连通以便采暖；顶皆为窑洞拱顶，刷有白灰；正房前檐常设木构檐廊以增加空间层次。厢房一般为砖木结构，三开间但在中间开间设墙分为两间房，并列设有两道门，叫作"二破三"（图4—16），进入后同样为窗下设炕，带有一处砖砌的小灶，用来取暖；厢房一般为两层，二

层阁楼层设有可
开启的木格栅
窗，良好的通风
使得阁楼内阴冷
干燥，适宜用来
储存酒、醋、粮
食等。阁楼的地
板自然形成下层
室内的木吊顶，
故在室内看不到
梁架。

图4-16 西场巷19号院"二破三"厢房

3.结构构造

按结构形式分，村内居住建筑主要分为两类：锢窑与砖木结构建筑（表4-2）。

（1）砖砌锢窑

锢窑一般为三孔，也有多达五孔的。一般情况下采用顺窑形式的较多。这种锢窑构造简单，以进深方向的砖砌筒拱形成使用空间，相邻两间的间壁上设门洞以左右联系，外立面券脸普遍为两伏两券（图4-17）。某些进深较大的锢窑正房则采用"十字窑"的形式，即增设面阔方向的砖砌筒拱并与进深方向的各间筒拱十字相交，以增加室内空间；这种形式，使得建筑的功能布局更为多样化，增加的空间多用作储藏空间，同时因其较为隐蔽，还常作为密室使用。

锢窑正房的前檐常增设木构檐廊，檐廊上覆瓦顶，通过穿插枋与锢窑相连接；常施用较多木雕，不但为正房增加了空间层次，且丰富了建筑的艺术表现（图4-18）。锢窑顶部，还可以增设木构建筑，形成当地称为"窑套楼"的形制。因窑顶兼作晒场，有的就在窑顶设孔洞与室内联系，可直接将晒好的粮食通过孔洞运至窑内。

村内主要院落及形制一览表　　　　表4—2

序号	名称	基本信息	院落缩略图	序号	名称	基本信息	院落缩略图
1	西场巷22号院	位于西场巷中后段，为南北向两进窄院。院落主人为张义维（在外为官），现状外院损毁		7	大街6号院	位于贾家巷北沿第一户，为东西两跨院落。院落主人为贾姓大户，现状外院被划分	
2	西场巷19号院	位于西场巷中段，为东西向两进跨院。院落主人身份未知，现状内院倒座损毁，场院荒废		8	大街4号院	位于大街中段，为南北两进院落。院落主人为张姓商号，现状院落被重新划分	
3	石福院	位于贾家巷后段，为一进院落。院落主人为张家大户，现状院落保存完好		9	大东巷4号院	位于大街中段，现存4号院为南北两进院落。院落主人为外姓商号，现状院落损毁拆分严重，原院落群形制不明确	
4	贾家巷27号院	位于贾家巷后段，为一进院落。院落主人身份未知，现状院落保存较好		10	王家巷2号院	位于西涝池西侧，为一进院落。院落主人姓贾，现状保存完好	
5	张嘉会堂	位于贾家巷前段，为南北两进东西三跨院落（带场院）。院落主人为张礼维（在外为官），现状内院损毁严重		11	胡家园5、6号院	位于胡家园前段，为东西三跨院落。院落主人原为贾姓兄弟合住，现状保存完好	
6	大东巷24号院	位于可罕庙东侧，为南北两进东西两跨院落。院落主人为贾姓大户，现状院落整体保存完好		12	胡家园2号院	位于北堡门僧窑西侧，为东西三跨院落。院落主人姓贾，现状内院保存完好，外院损毁	

图4-17 张壁村民居锢窑　　　　　　　　图4-18 石福院正房檐廊

（2）砖木建筑

　　砖木结构建筑主要用于厢房及独立大门等单体建筑，少数正房及倒座房也采用这种结构形式。

　　厢房多为三开间，单坡硬山顶，抬梁式结构。整体结构高度相当于一层半，首层为生活起居空间，二层供储藏之用。大梁布置在窗户中槛的高度，梁中安放童柱，童柱顶支撑金檩，再通过穿插枋使童柱与后檐墙、檐柱与童柱相连接；楼板同样布置在立面窗户的中槛处，与建筑的大梁紧密结合。从立面上看，窗户完整，而实际上，窗户的上部则供二层阁楼空间的采光、通风之用了。这种厢房的楼梯多设在室外。此外也有一些院落的厢房为不设阁楼的单层结构，同样为单坡屋面（图4-19、图4-20）。

　　砖木结构的正房也多为两层、硬山屋面。其二层同样为阁楼空间，但由于正房整体进深较厢房大，其整体结构高度也较高，故其阁楼空间也较大，除靠近檐口部位较低外，其余部分空间较高，用作储藏空间绰绰有余。其结构布置方法与厢房相近，均将大梁设置在窗的中槛位置，梁上立童柱直承脊檩，童柱顶再施替木等加强与檩条的联系，檐柱与童柱之间则通过穿插枋连接起来（图4-21、图4-22）。这种正房的楼梯一般设在室内。

　　院落大门常为简单的砖木结构，砖砌墙身上施木过梁，其上则覆瓦顶，檐口等部位则常采用仿木构砖雕椽望、博风板等构件（图4-23）。

图4-19　贾家巷27号院东厢房立面外观

图4-20　胡家园2号院厢房梁架结构

图4-21　贾家巷27号院正房外观

图4-22　贾家巷27号院正房梁架结构

图4-23　西场巷19号院砖木结构大门

4.装饰艺术

张壁村在装饰艺术方面，虽不及晋中地区的晋商大院那样淋漓尽致，却也同样表现出多样化和精致的特点，木雕、石雕、砖雕、脊饰均较多，雕刻艺术水平也较高；门窗、墀头、雀替、柱础等部位则是装饰的重点；装饰的内容则同样以展现当地人对生活的热爱和美好愿望等题材为主。

（1）木雕：门窗及雀替、花板、垫板

村内居住建筑的门窗纹样较多，主要有亚字纹、方格纹、灯笼锦、雷电纹、马三箭、漏窗等形式。如亚字纹为张壁村常见的窗格样式；斜格纹为相互垂直的线条组成的45°的斜方纹格，造型简洁大方；一码三箭纹样窗格，简洁明朗，将窗格的上中下三部分为正方形格，主要上部和下部为长方形；灯笼锦纹样以灯笼为主体，饰以花瓣纹样，寓意"五谷丰登"（图4-24、图4-25）。

张壁村的漏窗形式也较多。因漏窗主要解决屋内通风问题，规格较小，装饰功能突出，窗洞形式主要以圆形和六边形为主，极大地丰富了单调的院墙。如张家大宅的六边形漏窗直接安在院墙上，位

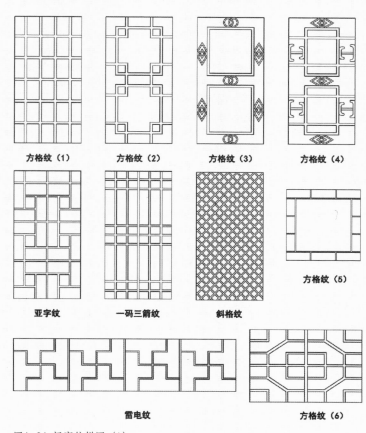

图4-24 门窗纹样图（1）

第四章

张壁古堡的居住建筑

于墙体半身高处，使整座院墙顿时富于变化（图4-26）。

锢窑正房的木构檐廊是施用木雕的主要部位，花板、垫板、雀替等被处理成高浮雕甚至透雕，雕刻细腻。题材内容方面，则以海浪、福寿喜字和荷花、牡丹、喜鹊等象征吉祥如意的图案为主，充分表达了主人期盼生活富足、平安、快乐的愿望（图4-27～图4-29）。

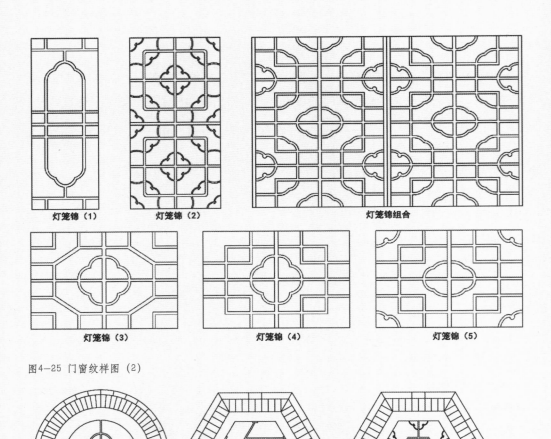

灯笼锦（1）　　灯笼锦（2）　　　　　灯笼锦组合

灯笼锦（3）　　　　　灯笼锦（4）　　　　　灯笼锦（5）

图4-25 门窗纹样图（2）

圆形漏窗　　　　　六边形漏窗（1）　　　　六边形漏窗（2）

图4-26 漏窗纹样图

（2）砖雕：影壁、墀头及神龛

影壁砖雕是较有代表性的装饰之一。村内现存三处保存较为完好的影壁砖雕，一处是张嘉会堂的"龙鹤福"影壁，一处是胡家园5、6号院的鹤形影壁，还有一处是石福院的"福"字影壁（图4-30、图4-31）。

墀头是木构建筑装饰的重点部位，多为浮雕，雕刻细密繁复，充分凸显了晋中地区的装饰特点。其题材有人物、动物、花卉、故事等多种，这些题材多寓吉祥、美好之意。如澹宁院、张嘉会堂等墀头雕狮子滚绣球，寓意好戏在后头，可见主人积极美好的生活愿

图4-27 西场巷22号院正房檐廊木雕雀替

图4-28 西场巷22号院正房檐廊木雕花板

图4-29 "石福院"正房檐廊木雕雀替

望；大东巷24号院则雕有"麒麟送吉"；另外还有一些墀头如西场巷22号院墀头为花式，多以莲花和菊花为主，表现主人为官的情怀；其他还依稀可辨一些神兽，均为辟邪镇宅的功能。墀头上半部分的砖雕多相似，多见两边花饰围绕中间的"寿"字纹，可能为当地工匠特色（图4-32～图4-36）。

张壁村建筑中，厢房均为木构，设有简单的墀头。墀头的宽度不到门上墀头的一半，设有简单的砖雕（图4-37）。

图4-30 张嘉会堂砖雕"龙鹤福"影壁

图4-31 胡家园5、6号院大门外影壁

图4-32 胡家园2号院墀头

图4-33 张嘉会堂墀头

图4-34 大东巷24号院墀头

神龛，也叫神楼，是放置神仙塑像和祖宗灵牌的小阁，嵌于墙上，多为砖雕而成，较高级的神龛还有底座，造型复杂的还带八字影壁。如清宁堂神龛，位于堂间后壁，雕有两扇雕龙小门，古色古香，开启后可见一副木刻对联，内容为"百年苹藻占天泽，万代香华报圣功"。胡家园5号、6号院神龛，带砖雕八字影壁，十分精致。在张壁村，神像龛与祖宗龛型制有一定的区别：由于神像龛座位不分台阶，依神佛主次，作前中后、左中右设位，所以祖宗龛多为长方形，神像龛多为横长方形；神像龛为开放式，有垂帘，无龛门；祖宗龛无垂帘，有龛门（图4-38～图4-40）。

图4-35 胡家园5、6号院墀头

图4-36 西场巷19号院墀头

图4-37 西场巷22号院内院西厢房墀头细部

图4-38 大东巷24号院神龛

图4-39 胡家园5、6号院神龛

图4-40 王家巷2号院入口神龛

（3）石雕：柱础及门枕石

张壁村居住建筑的石雕以柱础和门枕石最为突出。

柱础形式多样，例如鼓镜式柱础、覆盆式柱础、铺地莲花式柱础、高柱础（少见），其复杂程度与主人的财力和社会地位相关。如承启堂的柱础石为六方"灯笼"样式，高达0.42米，中间束腰处有浮雕蝙蝠图，柱础上的六只嬉狮活泼俊俏，形态各异；胡家园2号院正房的柱础石为鼓镜式，造型简洁（图4-41～图4-43）。

村内建筑门枕石多刻喜鹊与梅花等图案，以谐音寓意"喜上眉梢"；另外也有的雕

图4-41 西场巷22号院柱础石

图4-42 张嘉会堂大门柱础1

图4-43 张嘉会堂大门柱础2

图4-44 张嘉会堂大门石墩

图4-45 西场巷19号院石墩

图4-46 二郎庙门口门墩

刻寓意长寿的"桃子"图案。门枕石上还常雕石鼓、狮子等圆雕，以增加大门的威严（图4-44~图4-49）。

图4-47 张嘉会堂"正家风"门当1

图4-48 张嘉会堂"正家风"门当2

图4-49 西场巷22号院门当

（4）脊饰

村内的脊饰非常精致（图4-50～图4-53）。

图4-50 贾家巷27号院脊饰

图4-53 张壁村民居典型脊兽

图4-51 大东巷24号院脊饰

图4-52 胡家园5号院脊饰

二、古堡内的院落

按照规模，张壁古堡内的院落可以分为一进院、二进院及多路跨院三种类型。

1.一进院落

（1）王家巷2号院

王家巷巷内只有位于巷北侧的两户人家，靠西的即为王家巷2号院，为村中保存较完整的一座古老院落（图4-54、图4-55）。最初宅主人名叫贾元良，院落正房建于清乾隆四十九年（1784年），门匾题记则为乾隆五十九年（1794年），大体上说明了该院建设的时间范围。该院为典型的晋中窄院：一进院落由正房、东西厢房、倒座房、大门及高大的围墙围合组成，院落在四面高大建筑的围合之下，越发显得"窄"了（图4-56、图4-57）。

该院的防御性较为突出。院墙高大，设在院落东南角的大门附属围墙而建，保证了整个院落的围墙高度相对一致；进入大门后为一处窄长的院落内巷，该巷宽仅约1.2米，若想进入内院，还需要经过一道门才行。巷道正对的东厢房南山墙上设有神龛，具有震慑的意义。倒座顶端加上一段伸出的矮墙，提高了院落整体的防御性（图4-58）。

正房为锢窑窑洞，带木构檐廊，是木雕装饰集中的位置，东、西厢房为砖木结构单坡硬山顶建筑，带有储物阁楼，倒座房为砖木结构双坡硬山顶建筑（图4-59~图4-61）。

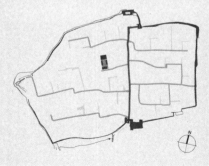

图4-54 王家巷2号院位置图

图4-55 王家巷2号院顶视图

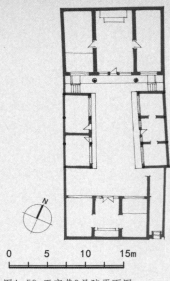

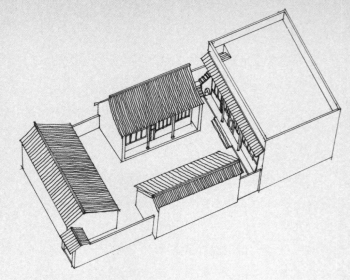

图4-56 王家巷2号院平面图　　　图4-57 王家巷2号院鸟瞰图

图4-58 王家巷2号院入口通道　　图4-59 王家巷2号院内院

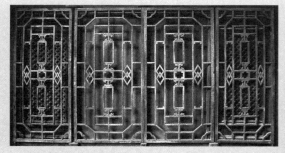

图4-60 王家巷2号院帘架木雕　　图4-61 王家巷2号院窗架

（2）西场巷19号院

西场巷19号院位于西场巷北沿（图4-62～图4-66）。据门匾题字判断，该院落至迟于乾隆三十四年（1769年）建成。

该院为东场西院形制的两跨式场院，场院呈L形包围在内院的东、北两边，通过设在内院东南侧的大门与内院联系，院落大门则设在场院西南角（图4-67）。原有倒座房已毁。正房为三孔锢窑，窑顶作为晒场，窑脸前设檐廊，施斗栱、雀替，木雕较为精致；左右厢房均为单坡硬山顶木构建筑，并设有用于储物的二层阁楼。东西厢房北侧山墙与正房之间设石阶作竖向交通，高度上到厢房阁楼高度后向北转折升高，可以同时联系厢房二层阁楼和正房窑顶；为充分利用空间，台阶下设有一个半圆拱门的洞口，用于储藏煤泥等燃料

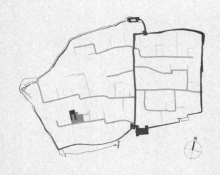

图4-62 西场巷19号院位置图

图4-63 西场巷19号院顶视图

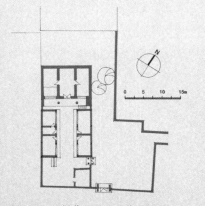

图4-64 西场巷19号院现状平面图

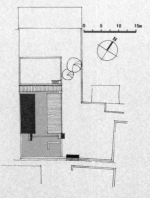

图4-65 西场巷19号院屋顶平面图

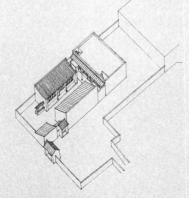

图4-66 西场巷19号院轴测图

（图4—68、图4—69）。

厢房内临窗设土炕，灶台则紧邻土炕设置，冬天可在室内生火做饭，并可兼顾取暖（图4—70）。

（3）贾家巷27号院

该院位于贾家巷后段，据正房梁架题记，该院建于乾隆年间。院落规模较小，为一处简单的三合院，无倒座房，屋宇式大门设于东南角。值得注意的是，这么小的一座院落，却也留出了一片空地作为"场"而成为场院（图4—71～图4—75）。

与一般院落不同的是，该院正房不是窑洞，而是双坡顶硬山建筑，于二层设阁楼，通

图4—67 西场巷19号院内外院门

图4—68 西场巷19号院院落鸟瞰

图4—69 西场巷19号院正房及厢房形制

图4—70 室内一角

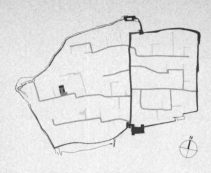

图4-71 贾家巷27号院位置图

图4-72 贾家巷27号院顶视图

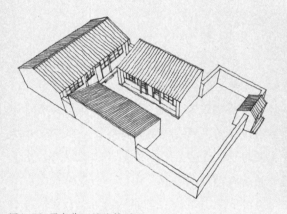

图4-73 贾家巷27号院轴测图

图4-74 贾家巷27号院鸟瞰

图4-75 贾家巷27号院门匾

过设在室内的木梯与地面连接。

东西厢房均为单坡顶一层砖木结构，面阔10米，进深不到3米。西厢房为常见的"二破三"形式，即在三开间中间处设墙将房屋"破"为两间使用（图4-76、图4-77）。

图4—76 贾家巷27号院厢房梁架

图4—77 贾家巷27号院东厢房立面

2.二进院落

(1) 西场巷22号院

该院位于西场巷中后段北沿，根据正房枋下题字可知建成于清嘉庆十年（1805年），现在完整保留下来的仅有内院。外院现无铺装，可能曾作为场院，也可能是如传言所说为张家后代"掘地找银子"所造成：相邻的"宝善堂"宅主贾洙源老人回忆说，张家后代张庭举曾在战乱年间回到张壁村躲避战火，无意中发现了院内埋有两瓮雪花银的记录，于是雇人拆房挖院，把原本檐廊深重的大院拆得一片狼藉却毫无收获，最后只得卖掉拆房后的木料在过厅的基础上修建了一道新院门便离开了村子。[1] 从现有仪门两侧尚保留的建筑基址及柱础判断，该说法较为可信（图4—78～图4—80）。

内院为三合院形制，院门即仪门设在南墙正中。正房为坐北向南的三间灰砖锢窑，进深较大达7米，窑顶尚有建筑基址遗迹，应是曾建过二层正房（图4—81）。这种做法在介休一带被称作"窑套楼"，张壁村内还有张嘉会堂内院正房和大街"裕合成"商户旧址也采用了这种做法。

现存正房为总进深较大的窑洞，于后部采用了横窑与顺窑相接，形成较为独特的十字窑形式，后部的横窑与前部的顺窑之间设墙分隔，通过设在东侧窑洞衣柜后部的密道联系。后窑顶部设可向上开启的盖，战时能把窑顶观察到的情况及时传达到窑内；地下则与地道直接相连，据说通过地道可以直接到达堡外（图4—82～图4—84）。

一层锢窑设有披檐，檐廊下装饰十分讲究，体现出宅院主人的财富和地位。额枋上有

---

1 郑广根先生口述，2017年3月11日，详见附录。

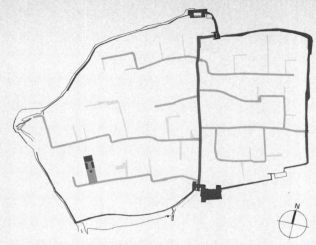

图4-78 西场巷22号院位置图

图4-79 西场巷22号院顶视图

图4-80 西场巷22号院仪门

图4-81 西场巷22号院鸟瞰

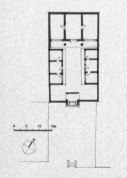

图4-82 西场巷22号院平
面图

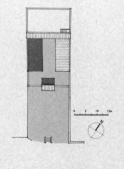

图4-83 西场巷22号院屋
顶平面图

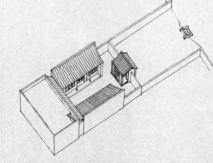

图4-84 西场巷22号院轴测图

荷叶、莲子木雕，寓意连生贵子，枋面可见钟、鼎、瓶、炉等寓意平安吉祥的式样。窗格木雕有麒麟送子、秋菊傲霜、鱼跃龙门、松鹤延年等图案，刻画生动形象。雀替亦为木浮雕，左右分别为菊花与莲花式样，莲花中还穿插有水鸟（图4-85、图4-86）。

廊下最精致的部分是六方灯笼石础，高约40厘米，材质为细腻的青石，各部分表面均有线刻图案或浅浮雕图案。可分为上、中、下三段：上段为石鼓，中间为上枋、束腰和下枋等主体部分，下段为圭脚部分。最有趣的是中段，在转角处于上枋之上、石鼓外侧盘踞着六只形态各异的嬉狮，六个面上分别设六个倒三角形方巾自上枋倒垂至下枋，增加了整个柱础的表现力；方巾表面雕有浅浮雕蝙蝠；下枋表面则雕有连续的回纹。

东西厢房均为单坡硬山顶的三开间砖木结构建筑，分为上下两层。上层为用来存放杂物的隔层，经由正房与厢房山墙之间的砖阶从室外上到阁楼，下层为居住功能。厢房后檐墙与正房锢窑的女儿墙及高约6米的院墙连成一体，使得院落具有较好的防御性（图4-87）。

（2）石福院

石福院位于贾家巷深处，因外院的"福"字影壁而得名；因正房内墙上挂一扇形匾额，上书"清宁堂"，所以也有人叫这个院子为"清宁堂"。该院为南北两进院落，院墙高耸，形制非常紧凑，防御性也十分明显（图4-88～图4-91）。

图4-85 承启堂正房锢窑披檐

图4-86 西场巷22号院正房斗栱

图4-87 西场巷22号院东厢房

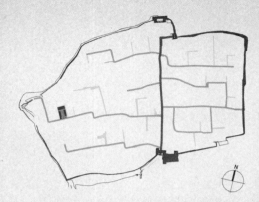

图4-88 石福院位置图

图4-89 石福院顶视图

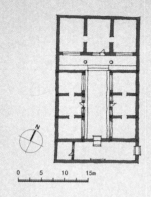

图4-90 石福院平面图

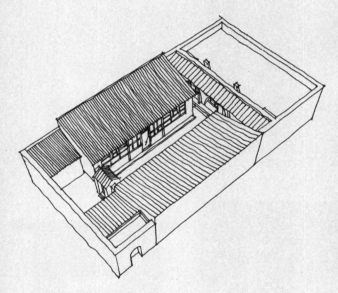

图4-91 石福院东南鸟瞰图

图4-92 石福院入口正对的附属用房

　　院门位于院落东南角，为坐西朝东的券洞式大门，于其内侧设单坡木构屋顶，并与西侧单开间的附属建筑相对，与两侧院墙共同组成外院（图4-92）。该院进深较小，呈东西向窄长的形态。院内南墙上正对内院大门处嵌有一座由石板雕刻的"福"字影壁。据说原影壁高2.30米，宽1.60米，设有须弥座，现仅存影壁心是原物，圆寿居中，鹿在石雕面上半蹲半卧，四角雕有蝙蝠，寓意福寿禄俱全。

　　内院为三合院形制。院门开在南墙正中，门匾书"安贞吉"（图4-93）；正房为三开间锢窑，前设木构檐廊，雕刻华美：雀替为木浮雕凤凰戏牡丹，牛腿位置为凤尾花式，耍头为云头图案，斗栱处有镂空木雕的龙首，柱下础石雕有喜雀登梅、莲花仙子（谐音连生贵子）、双寿图等，整个廊下热闹非凡，充满活力（图4-94、图4-95），正房内正中墙上供奉有前文提到的精美的神龛（图4-96）。

　　厢房为三开间带阁楼的单坡硬山顶建筑，其后檐墙与正房窑顶的女儿墙及围墙连接，

图4-93 石福院"安贞吉"门匾

图4-94 石福院内院

图4-95 石福院雀替

图4-96 石福院室内神龛

形成整个院落的防御界面。

（3）大东巷4号院

大东巷4号院位于进巷口不远处巷北，其西侧为"裕合成"商号[1]的店铺旧址。根据村中对"裕合成"商号规模的描述，该院很可能原为商号的一部分[2]，可能是"裕合成"东家的居住院落（图4-97～图4-100）。

该院现为外场内宅型的南北向两进院落，南侧为宽敞无铺地的场院，兼有蓄养牲口蔬菜种植的功能，北侧宅院承担日常生活功能（图4-101、图4-102）。

场院院门为墙垣式拱券门，门内侧加有木构屋顶。内院为三合院，屋宇式大门位于南墙正中；正房为三孔砖砌锢窑，前设檐廊；现东、西厢房为三间双坡硬山顶木构建筑。

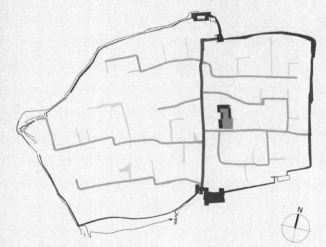

图4-97 大东巷4号院位置图

图4-98 大东巷4号院顶视图

1　"裕合成"商号为张壁村有记载的唯一一处商铺，曾为村中的重要节点之一。现户主全思辉提供的一份清乾隆时的契约记载，清末时其祖父曾将店铺租赁给村里的一张姓人家，即"裕合成"商号，1944年5月23日终止租赁。村中传有这样一个顺口溜："村里有个裕合成，短借小押不求人，自从倒了裕合成，称盐打醋得出村"。

2　村中描述为院落旧址南起大东巷北至小东巷，全长30米。原商号一层有南北四大部分组成。每个商铺都是9.9米，从槐抱柳依次过来由东向西依次是 三间磨坊、小商铺、当铺、进货铺、烧饼店、铁铺等。商号分上中下三层，用台阶、门道串联，店铺临街，院内用于储物住宿，典型的前店后厂。二层高度靠北有两间带廊棚的单坡瓦房，门额刻字"寿而藏"，曾经是掌柜高缠的住房。另有五间（已毁四间）为保安处，内有暗道可沟通大内（东家住处）。上院在现大东巷3号院，与店铺呈"金字塔"式，前场后宅，内宅通往商号的门在大院南，外院去商号的通道则在西厢房北侧。内宅为院套院，正房檐下东侧有台阶，阶下有门可沟通东院。内宅通往商号的门在大院南侧。外院去商号的通道在西厢房北侧。

图4-99 裕合成遗址现状

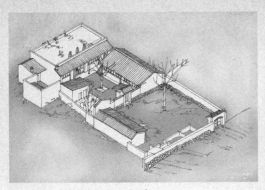

图4-100 大东巷4号院轴测图[1]

图4-101 大东巷4号院鸟瞰图

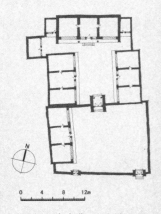

图4-102 大东巷4号院平面图

3.多路跨院

(1)张嘉会堂

张嘉会堂位于贾家巷中部，是一处地跨贾家巷南北两侧的多路多进跨院，也是村内规模最大的居住院落，院落南北总进深将近60米，院落组群共包括8个院落，其中4个宅院带2个场院共六个院落位于巷北，还有一处车马院及一处书院位于巷南（图4-103～图4-109）。

该院本叫"嘉会堂"，因宅主人为村中大户张礼维，村中习惯称它为"张嘉会堂"。

1 临摹自：陈志华等著.张壁村[M].河北：河北教育出版社，2002.113.

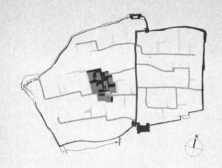

图4-103 张嘉会堂位置图

图4-104 张嘉会堂顶视图

图4-105 张嘉会堂鸟瞰

张礼维在乾隆到道光年间各大庙堂设施的碑文及修缮文献中都有捐献记录，是当时村中有名的善人，在关帝庙清乾隆五十六年（1791年）的修缮碑文中有关于他最早的记载为"捐银人"，时任"布政司理问"，在二郎庙清道光二十四年（1844年）的《重修二郎庙空王殿痘母宫碑记》中也有他的捐银记录，时年70岁，任布政司今庭。

整个院落分南、北两部分，其中北部由四组院落构成，从东到西依次为场院、内宅、外宅、长工院。

　　组群的最东侧为长工院，南北总长约45米，东西宽约15米，临贾家巷设独立院门。该院落由场院和内院组成，其中南侧的场院西墙上还设门与外宅院相连，内院则为供长工们居住的三合院，院落进深较大，为典型窄院。

　　长工院西侧为外宅院，宽约12米，进深约39.6米，南北两进，中设过厅。现过厅及

图4-106 张嘉会堂平面图[1]

图4-107 张家大院院落复原屋顶平面图

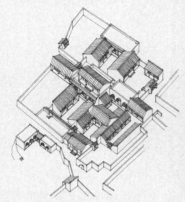

图4-108 张嘉会堂院落复原鸟瞰图

图4-109 张嘉会堂南侧车马院入口

1　临摹自：陈志华等著.张壁村[M].河北：河北教育出版社，2002.106.

后院厢房已毁，仅残留部分柱础石阶；外院虽遭到一定破坏，但还能看出整体的形制，大门及东西厢房保存仍较完好，其中大门为规格较高的三开间双坡硬山顶独立大门，门额书"福寿康"。门前五级台阶，左右有上马石，上雕有衔环饕餮；门外正对"龙鹤福"影壁；门内有刻着"十八学士登瀛洲"浮雕的石雕花池。大门装饰并不华丽繁复，但在以墙垣式和门洞式大门为主的张壁村，已经足显其地位和气魄（图4-110～图4-113）。厢房为单坡硬山屋面，西厢房西侧为通向后院的过道，南侧的西院墙上设有通往内宅院的小门"正家风"门（图4-114、图4-115）。

　　内宅院于西侧，紧挨着外宅院，为面宽约15米、进深约33米的一进四合院，由正房、东西厢房及倒座房构成。正房为前设挑檐的三孔砖砌锢窑，其上原建有三开间木构建筑，现已不存；窑洞从西到东进深依次增大，和后面的院落取得了协调；厢房为单

图4-110 张嘉会堂大门（2004年摄）

图4-111 张嘉会堂大门现状修缮

图4-112 张嘉会堂大门雀替

图4-113 张嘉会堂上马石

坡硬山屋面的砖木结构建筑（图4—116）；倒座也为三孔砖砌锢窑。内宅院北侧顺应正房后墙斜向布置一个院落，该院落向西单独设门通向次巷道，推测为小姐们的闺院（图4—117）。

　　整个组群的最西侧是两处面积相当的场院，南侧的场院较规整，面宽约12米，进深约25米；北侧场院呈梯形，总面宽约12米，总进深约23米。场院各自设门，可以单独出入，同时又可以通过门分别与内宅院和闺院相连。其中南侧场院临贾家巷设有尺度宽大的墙垣式券门，可供车马出入，北侧场院则主要用于畜养牲畜及种植（图4—118～图4—120）。

图4—114 张嘉会堂花坛

图4—115 张嘉会堂"正家风"门

图4—116 张嘉会堂内院厢房

图4—117 张嘉会堂闺院

图4-118 北侧场院内景或鸟瞰

图4-119 张嘉会堂西侧南场院拱门

图4-120 门上装饰

书院和车马院位于贾家巷的南侧，现状院落整体东西长约32米，南北宽约18米，西边和南边都被西场巷所在台地的边缘所形成的断坎所限定。

(2) 大东巷24号院

大东巷24号院位于大东巷的分支巷道内，紧邻可汗庙与南堡墙，也为一处场院。据门匾题字可知该院至迟于清乾隆四十一年（1776年）即已落成（图4-121～图4-123）。

该院由四部分组成：靠近院门处为南北向的狭长跨院，设有过厅与北房，用于接

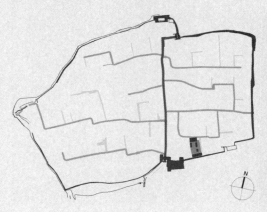

图4-121 大东巷24号院位置图

图4-122 大东巷24号院鸟瞰

图4-123 大东巷24号院门匾

待；东西向的过道连接南、北两个独立的院落；组群西侧是附属场院，通过圆券门与连接南北院落的过道相连（图4—124～图4—127）。

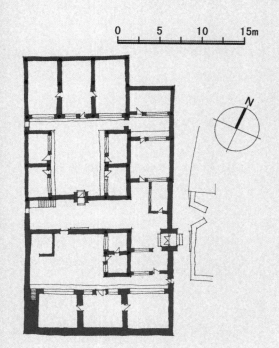

图4—124 大东巷24号院组群平面图

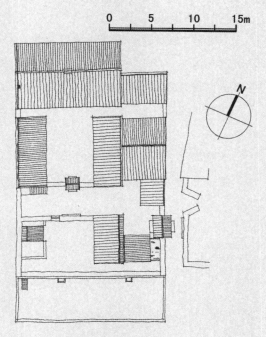

图4—125 大东巷24号院屋顶平面图

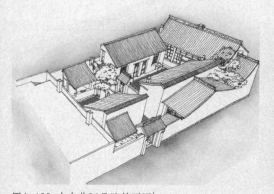

图4—126 大东巷24号院轴测图[1]

图4—127 大东巷24号院院门局部

1 临摹自：陈志华等著.张壁村[M].河北：河北教育出版社，2002.99.

北院为一进三合院，由正房及东西厢房组成；正房为双坡硬山顶砖木结构建筑，厢房则为单坡顶（图4-128）。南院由三孔砖砌锢窑和厢房组成（图4-129）。

（3）胡家园2号院

胡家园2号院位于胡家园巷内北侧，紧靠北堡门庙宇群（图4-130～图4-132）。该院门匾"澹宁"为恬淡寡欲、宁静自持的意思，因此也被称为"澹宁院"。院内现存主要建筑均为清末民国时期所建，木雕砖雕保存完好，具有较高的艺术价值。

该院由自东向西并列排布的外院、内宅院和场院等三部分组成（图4-133～图4-135）。

外院虽面宽不到8米，但却是总进深达30米的两进院落，院落的主体建筑为过厅，用于接待来客。其院门同时也是整座宅院的大门，设在正对过厅的南墙上；在过厅南北

图4-128 大东巷24号院北院鸟瞰

图4-129 大东巷24号院南院窑洞

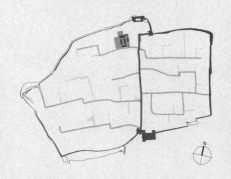

图4-130 胡家园2号院位置图

图4-131 胡家园2号院屋顶平面图

两侧的西墙上均设有小门与内院连接（图4—136、图4—137）。

　　内院为典型的四合院形式，总面宽约13米，总进深约27.5米（图4—138、图4—139）。正房为三开间双坡硬山顶砖木结构建筑，设有柱廊，廊下斗栱繁复，门窗木雕精美；东、西厢房均为单坡硬山顶砖木结构建筑；倒座房亦为双坡硬山顶砖木结构建筑（图4—140、图4—141）。

图4—132 胡家园2号院鸟瞰

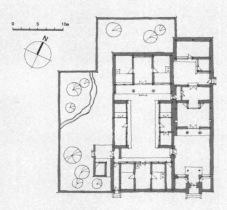

图4—133 胡家园2号院平面图[1]

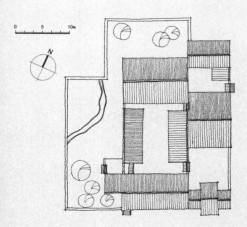

图4—134 胡家园2号院屋顶平面图

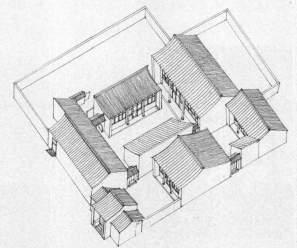

图4—135 胡家园2号院轴测图

1 临摹自：陈志华等著.张壁村[M].河北：河北教育出版社，2002.101.

图4-136　胡家园2号院院门

图4-137　胡家园2号院外院过厅

图4-138　胡家园2号院内院（现状）

图4-139　胡家园2号院内院（2004年摄）

图4-140　胡家园2号院厢房
室内

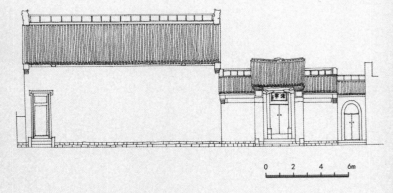

图4-141　胡家园2号院沿街立面图[1]

1　临摹自：陈志华等著.张壁村[M].河北：河北教育出版社，2002.101.

内院西北两侧被场院包围，场院单独对胡家园巷开大门以便于车马通行，但现存门洞并非原物，花园外侧即是张壁古堡的堡墙。

该院木雕精美且保存完好，可以视作张壁古堡内居住建筑现存装饰的最高水平，主要集中在正房前廊及门窗等部位。雕刻多为镂空花雕，制作精细而寓意丰富，尤其是门帘架上的三个横窗，从左到右依次雕有学书的孩童，花团锦簇的瓶鼎以及驾鹿而来的寿星，每一个人物的表情都被刻画出来，尤为精彩。窗格形式多样，并且门头板及横披窗上均可看到彩绘痕迹。值得注意的是，厢房窗下还加设了木雕裙板，图案为连贯无口的万字纹、吉字纹浮雕，十分精致（图4-142～图4-146）。

外院檐廊下的木雕保存得不如内院完好，很多都自然脱落了，宅主人给我们展示了之前掉落的一处斗栱帽翅的木雕，清晰可见一个穿着肚兜的化生童子于莲花间嬉戏，每一棵莲花的茎段都弯曲自然，每一片荷叶的经络都明确清楚，雕刻之精美，确实令人赞叹（图4-147）。

图4-142 胡家园2号院外院正殿装饰

图4-143 胡家园2号院内院门帘架细部

图4-144 胡家园2号院外院窗扇

图4-145 胡家园2号院内院正房窗

（4）大街6号院

　　大街6号院位于主街西侧，据村里人介绍，这处院落是与关帝庙内院的窑洞同时落成的，即清道光十一年（1831年）。该院为东西并置的两跨院，西跨院为一进宅院，东跨院为两进外院（图4-148～图4-153）。

　　值得注意的是内院和外院的正房是一座6孔砖砌锢窑，通过设于院落中间的厢房和隔墙隔成了两个院子。因此，虽然现在两个院子分别向东、西两个方向开门，但早期应为一组大型跨院。

图4-146 胡家园2号院窗下木雕吉字纹图

图4-147 胡家园2号院木雕装饰

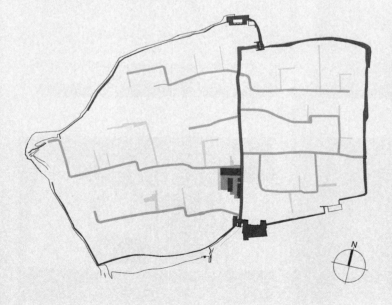

图4-148 大街6号院位置图

图4-149 大街6号院屋顶视图

图4-150 大街6号院鸟瞰

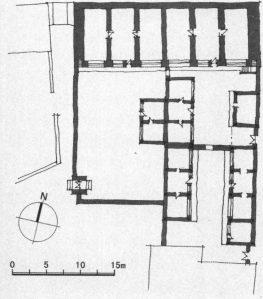

图4-151 大街6号院平面图

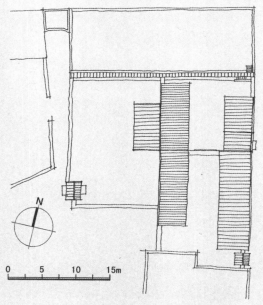

图4-152 大街6号院屋顶平面图

（5）胡家园5、6号院

胡家园5、6号院位于胡家园巷道南侧，由兄弟毗邻而居的东西跨院组成，现保存完好（图4-154、图4-155）。其中附带车马场院的东跨院又名"拥翠院"，通过南北向过道与西跨院相连接，两跨共同通过过道北端的大门通往胡家园巷道（图4-156、图4-157）。

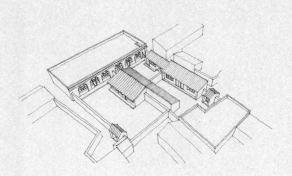

图4-153 大街6号院鸟瞰图

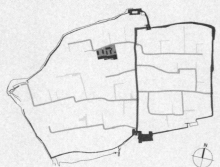

图4-154 "拥翠院"位置图

图4-155 "拥翠院"顶视图

院落的正门坐南朝北，为硬山顶的屋宇式大门（图4-158），隔巷道正对着直径约为1米圆形边框的"福"字影壁。该影壁与张嘉会堂的"龙鹤福"影壁较为相似，但更为简洁。

东跨院场院单独向胡家园巷设门，内院则为四合院形制，由正房、东西厢房及倒座房构成。正房临巷道坐北朝南设置，为硬山双坡顶砖木结构建筑，前设廊；左右厢房均为单坡带阁楼的砖木建筑；倒座为砖砌锢窑（图4-159、图4-160）。

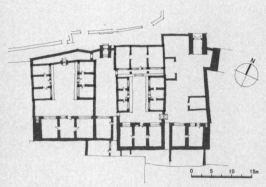

图4-156 胡家园5、6号院组群平面图

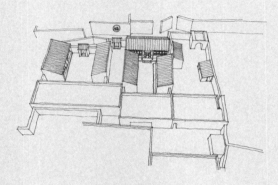

图4-157 胡家园5、6号院组群鸟瞰图

图4-158 胡家园5、6号院大门

图4-159 "拥翠院"东跨院鸟瞰

西跨院为三合院形制，但该院是坐南朝北的独特院落，南端砖窑作为正房也是坐南朝北的，东西厢房形制则与东跨院相似，院门设在院落北墙正中，正对门外的影壁。院门并不直接对胡家园巷开门，而是用一道砖墙将内院门与胡家园巷隔开，形成了一条过道，经由这条过道与外侧过道尽端的院落大门相连。

图4-160 车马场院"拥翠院"大门

附　录

附录1　碑文

一、关帝庙内的碑文

1. 关帝庙重建碑记

尝思隆盛之世，地方安堵，人康物阜，显赖国家福祚，幽恃神圣式灵，所以不必省府州邑，即村疃屯堡，亦有神庙镇临者。如我张壁者，居近南山，土薄民贫，幸而人性朴实，好善尚义，里仁之风甲于邻壤。余闻香老向余尝言曰，我等遭明末之时，贼寇生发，寝不安席，附近乡邻俱受侵凌。遇有贼寇来攻，吾堡壮者奋力抵敌，贼不入内。贼曰："汝村中赤面大汉乘赤马者是何处之兵？"我等曰："请来神兵剿灭汝寇也。"贼自相语曰："神兵相助，村中必有善人。"遂欲退去。复有旗号自北而来，众恐曰："贼兵继起，不能保守。"将堡门拥闭。兵曰："我乃请来官兵，何故阻之？"即开北门放入村中。张公讳义者执约言曰："我乃乡约。"兵首以阻遏军威，将张公并守门宋林以军令施行，余者秋毫无犯，出南门剿灭贼寇，回兵而去。呜乎，张公以一人之身，当一村之难，可谓仁人义士，壮哉！此乃里老尝谈，吾耳熟焉，故能详也。平定之后，村众曰："吾乡仰赖关圣帝君保护平安，理宜建庙祀之。"彼时惜无宽广之地，逼刃草创一间以权祀之。自我皇清定鼎以来，迄今七十余载，未遂其志。有僧了道与贾公讳国印者相善，言曰："见贵村门外，关帝庙临街，献祀之际甚属不洁，何不重建以伸其诚？"贾公曰："师言及此，正和我意。我等有心久矣。"于是会通香老张大祯、贾云瑞，会请纠首公议，按地分派。坡地每亩七分（银子），山地每亩五分，人心通顺，写之日踊跃欢呼，无退其后者。可见神之灵、人之诚也。是年戊子，天时不利，至己丑，香老贾云虎、王天爵勤劳谨慎，于仲春起工，大殿圣像于九月告成，修水陆会场。是日外乡善信凑集，喜施乐助，诚胜会也。至庚寅香老张国礼、全邦文修僧舍砖窑四眼，钟鼓二楼。有古越盐商范公讳纬者献宝刀一口，大钟一口，大鼓一面，神马工价一两。村中有柏树一株，年远枯朽，卖银一百二十两。至辛卯，香老张弘敬、梁居旺修建山门乐台三楹，塑神马二匹。三年之间，共使三千五百余工，俱是按门乐助。前后焕然一新，灿然可观，非神之灵、人之诚，何能成功如是之联捷哉？皆众香老倡导勤劳之功，众乡耆约保协助之力，众纠首赞助之劳，住持僧传华筹画之绩。正所谓群贤聚集，众善同归者也。工完勒石求序，余幼而失学，实不能文。因信神之灵，喜人之和，幸地之利，乐道人之善，故为之记，以传其后，庶不湮没诸公之勤诚云耳。

本村木铎老人　　王良甫　薰沐谨撰
内阁供事官　　　王士皎　薰沐敬书
时大清康熙五十年岁次辛卯中秋中旬七日吉立

2. 增修墙垣墁院碑记

尝闻积德恒赖于喜施，功宏无加于补缺。本村地名张壁村，南门外对面旧有关帝庙宇，古建窄小，

合村协力行工重修，殿宇增阔，金像增高，乐楼台榭彩色庄严，大殊古昔，洋洋乎诚一巨观也。然殿宇皆新，而墙院仍旧，似乎见缺。本村生员张弘基募化引银十一两三钱。起意信士贾国郡，输心包愿，更兼募化银二十两六钱八分，土墙改为砖墙，土院增砌砖院。发心贾国印施树一株，国郡增添工价以为庙院东边旗杆一根，更建茶棚一间，以济往来行人之渴。虽云小补，功德实隆。工既告竣，理宜勒石千载，扬徽不朽云尔。发心竹皿隔扇窗户人，信士贾云虎，男国晖助银一两二钱。

> 信士贾国运男大钥助银五钱，本村信士贾大璨顿首拜书
> 介邑逸士王良弼薰沐敬撰
> 时大清康熙五十九年夏至吉旦

3. 新建献殿碑记

尝闻踵事增华固属先贤之戒，而缺略不全实亦人心之憾。今本村关圣帝君庙缺少献殿，当供献时光天化日，仪卫森严，盘盎鲜明，而趋跄骏奔亦班班肃敬，人心殊觉畅快。如遇狂风骤雨，阴雾连天，排列则左右无行，贡馔则前后失次，登降拜跪之际亦多参差错杂，而肃敬不伸尚可以邀神贶耶？村人欲修献殿，愿亦久矣，止因财力不逮，迟缓延年。幸本村监生张鹏翔发愿成功，吾等旧有积聚银一百四十三两，又有张福定、贾泰遇清宁汉口，化来积聚银六十五两，俱乐为合一焉。因与香老头脑商酌，遂请纠首并募村众。果尔善有同心，无不踊跃乐输，以成胜举。斯工也，起于本年三月，成于九月，又补修正殿、旁殿以及乐楼戏台、墙院，无不振旧如新。鹏翔尤不懈意，独力金妆彩画，由是翚飞鸟革比其华，刻桷丹楹方其丽，虽往来观瞻者免踵事增华之诮，然必如是而尊神之敬意始伸，人心之抱憾始释。非敢云求福，庶几人和于下，神安于上，有贡献而无不享矣。于是为记。

> 本村壬寅岁进士候铨 儒学训导贾大彩敬撰并书
> 大清乾隆五十六年十一月十三日立

4. 重修仪伏补葺彩绘碑记

盖闻銮仪备具，所以昭赫濯，即以状尊严也，而庙制整齐，所以肃观瞻，即以凭灵爽也。本村关圣帝君尊前，乾隆壬子置锡仪伏三十二杆，迄今四十余年，残缺失次，不堪排列，享祀之期，众心歉然。道光甲午春，教谕靳炳南、李太和、监生贾太和、贾维馨四公起意重修，由扬州府化来纹银一百余两交付余等。即与香老十家公人商酌，佥曰："执事虽新，而殿宇倾颓，丹青剥落，尚不足以奉神灵也。"遂请纠首募化。本村果尔善有同心，无不慷慨乐输，共成胜举，亦捐纹银一百二十余两，公中又添纹银二百余两。爰至仲夏，选命精工安炉镂造，为形式式，为数依先。故夫大纛高牙，比当年而多加华丽；剑戟弩盾，视往昔而更觉辉煌。至于正殿、旁殿、乐楼戏台、山门以及观音堂、韦陀殿、奎星楼、僧舍、禅堂无不命工修理，其他随方补葺，内外焕然一新，绘画庄严，上下加之五彩，必如是而尊神之敬意始伸，人心之抱憾始释也。北门楼空王殿旧有木仪伏三十余杆，亦重新而补修焉。尤不容已者，本年闰六，北门外堡墙塌毁，阔三丈，高四丈，厚七尺，余等经营而补筑焉。诸公欲勒诸贞珉，嘱余一纪其事。余愧不能文，但忝与村事，昕夕赞理，不得

不详其颠末，以垂不朽云尔。

临生　张锦堂敬撰
居士　靳钊青敬书
大清道光十五年岁次乙未季秋谷旦立

5. 补修关帝庙碑记

　　古圣人有配天之列，故普天率土，凡有血气者莫不尊亲。武帝之在本朝，封号隆崇，神灵赫濯，山海之民，罔不馨香而尸祝之。吾村之庙祀多、历年所不知几经修葺矣。同治初，榱□腐蚀，屋瓦飘零，适族主九成公与昌和贾公理村务，用（残）然有更新之志。爰于村人之共商者共相募化，得金四百二十余两，乃工未举而二公相继殁。光绪丁酉，值仁宗辛公与族侄德本任公者，遂将正殿三楹以及前庭偏殿山门、戏楼概加修饰。材木之朽溃者更之，屋宇之渗漏者补之。四月动土，七月告竣。是役，共花钱陆佰叁拾余千文，而彩绘之事未达也。越二年乙亥，绘企颜贾公瓣公谓：土木之工虽华而丹□之素未兴具门外座马、仆夫泥像俱已剥落，使非加工而润之，终属功亏一篑。爰乃涂以丹黄，饰以金碧，随正殿仍旧而山门戏楼焕然一新。然意莫为之前□矣佛彰莫为之后，虽盛弗传。若数公者，可谓后先婵美矣，余故乐纪其事并□后人之（残）

清光绪二十六年岁在庚子闰八月

二、北堡门庙宇群中的碑文

1. 创建真武庙记

　　之推之畸行，郭有道之贞固，宋文潞公之四朝元老，犹钦盛哉！我朝开科以来，邑之举于乡者，自永乐辛卯历天顺嘉靖，迄隆庆丁卯，科不乏人。惟甲科，自成化甲辰张翼登李旻榜进士，之后百年来未有继者。每闻术士相传，谓县之南绵山拱翠，朱雀高明，其北地平，且下玄武卑弱，须起楼台观阁，以壮形胜。然此议已久，但风水人所易忽，而工费浩大，竟无任事者。万历八年，新尹张公首重学校，试生儒，亟称其文思蔚然而甲第久缺，何也？学谕樊志义、司训张思仁、生员赵承恩等具以前所议对。公喟然曰：闻昔王子俊云，天下之事虽非古始，苟可以义起者君子亦有所不废。矧此议关一方文运，概县舆情，义之所在，可但已耶！遂卜日集师生，召里中父老，会议于明伦堂，令好义者捐资助役。时乡民宋世邦、李凤、王攀、梁永恭等六十余人，翕然响应，各捐资不等。银至百两，以下至五六十或二三十两者，粟至百石，以下至七八十或三四十石者，报名附籍。董友真捐园地五亩并易价六亩为庙基，□举老僧明晓焚修化缘，于八年四月初一日经始。正殿五楹，两廊各五楹，二门、三门各三间，前面东、西各僧院一所。至十三年八月竣事。自北郊延望，巍峨煊蒜，与南山对峙。实地灵人杰，义有所取尔也。虽是张公先以母忧去，未观厥成，故兹勒石，非特志庙之底绩，盖追念公之遗爱。不费公帑而成功兼土人之尚义，不惮大作而致用。庶几，登隽连茹之盛，二堪舆家之说，亦不可峙而可峙也已。张公讳重恩，河南祥符县，隆庆庚午举人。

万历十三年孝义梁明翰撰

2. 宽贤发愿碑

万历三十三年三月二十三□□日□□。盖闻佛局鹫岭，尚乃化利人天，僧在禅林，岂不烦于众信。千般善事，惟有作副在先，万种法门，无过修造第一。今有介休县退壁里张壁村空王寺僧人宽位、祖润，发心欲建古佛空王殿，工程浩大，独力难成，不免恭持素薄，便□高门，仰望万圣同归云耳。

起意僧人　　宽　贤

纠首　　张大崇　张计□　张乙科　贾明　靳实　王守君　靳阳　贾英　张旺

张邦　贾相　张□　张义　贾库　张庆

3. 创建空王行祠

夫空王佛者，乃往昔久远劫中苦行修道得成，佛名曰空王如来，为以大事因缘，出现于世，自浮示迹，降入凡俗。溯其源流，乃知古佛系山西凤□人，俗姓田氏，寄居在太原府榆次县原涡村，自幼斋素，聪明智慧，迥出常人，长膺里长，凡有钱粮逋负者一并赔补，不给，受县官责，遂弃家缘，割爱辞亲与妻，至开化寺削发为僧，法名慧超，继访静乐县，旋回凤凰寺，苦行三载，寻师讲道。又诣介休县华严洪济寺，自发肯心，担水赴工，至动四天王，使钟担水，因主僧清晨识破，将钟抛下，漂至河律。复至临溪塔岩头，感青衣童子奉献，摩斯、银公迎接，五龙王祈请至中岩。嵌岩危峰，几不能过。有二白兔塔桥引之于前，一猛虎追赶威之于后。五龙捧圣，至大岩。常有异僧往来，共谈说法。与五龙下棋，每每有胜。织女献衣，天王捧钵。至唐贞观八年，亢旱不雨，长安耆老来祈甘雨，佛命摩斯施雨。比时摩斯淘米，将米泔西望三杓，得雨三日有验。唐王闻此大悦，遂命銮驾访见真人。空王等三圣不肯屈见，以故隐匿入灭，即今抱腹岩摩斯塔银子公洞是也。唐王焚香处祝乞示明应，天空中掷下金字牌，书写"入灭圣人即空王佛"，摩斯、银公，为度此方，故示出现。所以每年三月十七日空王圣诞，龙神聚会，四方各府州县人民朝礼圣境，报答佛恩。登涉中途，绵山之麓张壁村乃空王佛之要路，凡散人到此，无不止息。或遇天雨盛，不能朝礼，此村南面焚之。是以万历三十年，本村纠首张大崇、靳阳、张邦、贾相等心从好善，欲建行祠，一乡巨擘，一旦捐赏，各处募缘，四方贤俊，布施集辏。建立行祠三楹，内塑空王、摩斯、银公三圣，彩画金妆，壁绘如来功行。周围完备，内外具成，四方香客亦遇风雨而有赖。民诣行祠，恭礼金容，与岩□古佛，亦然忻喜，一村院人也。余安居胜景，顷发诚心。依空王古本，采略铭石，永垂后世云耳，

写字人　　张宝
万历四十一年六月十六日吉造
琉璃匠科人　乔京、乔天、乔当贞
主持僧人　性高奇　门徒宽贤位义

4. 重修吕祖阁碑记

凡事不无因革损益者，亦求其尽美尽善而已。余村北门楼顶有吕祖阁焉，自道光十一年始龛仙像于斯。然规模狭隘，似不堪妥神灵而昭祀典。族叔九成公服贾楚南，屡蒙神庥，思欲增修其制久矣，惜余乡素非殷实，而九成公则又力微，籍非取资他山，乌能成斯义举哉？爰集纠首公奢共商出疏募化

事，则有若昌和贾公族祖悦维公仗义慨允，情甘协力同募，遂于咸丰十一年共出缘簿三本，曾不数载而所捐之项俱归。又令子母相权者数载，计共得银三百余两。及同治十二年因义学历年修金不足，将此银分济一百五十两。爰自光绪二年五月动工，高闬闳、厚墙垣，至七月间工始竣。又越年而雕楹刻桷，神阁遂焕然一新，殆功成而银项亦尽矣。是所以妥神灵而昭祀典者，皆诸公之力，而又余族叔倡举之功也，于余乎何与？然使后之继起者粗知其旨，永延盛事于勿坠，是则余之意也夫。是为记。

例授修职郎候选儒学训导附贡生　张镇青谨撰并书

大清光绪三年岁次丁丑季秋月谷旦立

5. 补修钟鼓楼石记

　　从来建修庙宇，前人创焉，后人因焉，迨日久年深，风雨倾圮，补葺重修之举，在所不免焉，我村北门楼真武殿钟鼓二楼檐角塌毁，振旧如新，约费陆十仟文以志其出项云而。

乡保：贾居谦

乡约：张学本、张仁杰

乡耆：燕文郁

公正：王恒泰、张丽中、张凤诰

光绪十五年十一月初五日志

三、二郎庙内碑文

1. 创建二郎神庙记

　　盛隆之世，地方安堵、民物康阜，显颓□□□国家福祚，幽恃神圣式灵，故不必通都大邑，即村疃堡寨莫不有□□□神庙镇临者，职此故也。邑南二十里张壁堡，居民殷实，绵麓为最，义勇之风甲于临壤。明季末年，流冠猖獗，他村不无蹂躏之惨，此地独安然无恙，虽曰人和是恃，亦赖有堡墙完固，足为可守之资也。迨际鼎革，城中巨室多有避乱于此者，皆得保其囊箧焉。今幸矣，四方底定，风鹤无惊，共乐昇平，岂不甚盛！而村中黄发安不亡，为未雨绸缪之计，于堡之北门增筑瓮圈，内建神庙一座。工既竣，属余以勒之贞珉，用以昭示来兹。余尝考祀典……民者，则祀之也。二郎尊神，威灵显赫，护法降魔，其有功以民也大矣，故祀之矣其。其……岂徒视之哉，要使人瞻仰起悟，为善去恶之心油然以生，予以答神庥而……社悔而固苞桑昌万年之平福昌奕世宏图，始不负纠首诸公图度经营之…

赐进士第…部候选　梁敷鲜　熏沐　谨撰

旹清康熙二十七年岁次戊辰月逢姑洗　生足日立

2. 本村重修二郎庙碑记

　　闻之堪舆家谓："张壁村址坐县南，去绵山不远，其接摩斯顶之脉者，较他村为甚近，惜乎堡中

形势南高北低，风水之自山来者易泄难留，藉非北门外瓮圈中二郎庙为之屏蔽，其何以收风水而成富庶之乡哉？倘此庙而再高数仞，则藏风敛气而兴发是村者，当更不知其何如盛也。"所以乡之人久有革故鼎新之志而未及举行。忽数年前而合村公议，增修改作，崇高殿宇。其一时人心竞劝，施财者不惜银钱，施工者愿劳膂力，而主持传芳亦乐襄盛事，先遣门徒法慧募化南方，继复多施砖填，因而众擎易举，不经久而厥工告竣。旧殿改砌砖窑五眼，窑上新盖正殿三楹，祀以二郎尊神，又于对面建起丁字门以通村路，门上增修乐楼以隆妥侑。他如禅堂，山门亦皆焕然改观，而非复从前旧制矣。如此则北庙与南庙互相掩映，而风水之自山来者，不将愈为屏蔽而成一方之重镇哉？近闻风鉴之至其地者，见其人民辐辏，物阜财丰，辄羡其为富庶之乡，而不复惜其地形势之南高北低。余于此既嘉合村人同心协力之有功，益以信人杰地灵之说为不可易也。是为序。

卯科举人　冀永棠薰沐撰

儒学增广生员　冀奇逢敬书

时大清乾隆十一年岁次丙寅孟冬谷旦立

金妆二郎老爷圣像信士张弘显助银十五两

3. 重修二郎庙　空王殿　痘母宫碑记

二郎庙旧址也，殿前槐柏著美，自东望之，巍然而幽深者，空王殿，痘母宫，翼翼焉，奕奕焉，创之于前不知几费经营，宜乎于仅为烈耳。然历年多则檐墙皆裂，工程大则需赖甚宏，有起意纠首于道光十六年预为筹画，幸领疏募化者尚不乏人，故越四年而乃有备也。至二十年春，动惟厥时。二郎庙栋宇崇高，垣墙孔固，为屏为翰者，照壁建焉。又东北隅，痘母宫，仍其故址扩而充之，即如神社鼎新以为供献造作处。其他北门内房重修，更房新立，及堡墙险要之所缩版以载。诸纠首咸踊跃从事，不逾年而工遂竣也。况绵峰常垂以甘露，唐代早封为古佛，不有整理，有何以报功？空王殿于二十三年像金妆之，壁彩绘之，缺略者继增之。是役也，一举而数善备焉。庙貌崇则风气聚，宫室广则后生保也，殿楹辅则雨泽助也。俾乡之人秀者观光而化愿者沐恩而安，有嘉德而无违心，以上答明神默佑之灵，下以成都人愿施之善。余不文，焉能为记？第念斯工经始，实惟领疏以成其美，吾乡之人卒能随心乐输，勿贻鲜终之诮，其诚均不容没也，是所以邀神阁而庇人生者多矣。特为记。

国子监太学生　贾田荣谨撰

儒学增广生员　仝九二敬书

时大清道光二十四年岁次甲辰季秋谷旦立

4. 重修二郎庙碑记

凡事不无因革损益者，亦求其尽美尽善而已。余村北门楼顶有吕祖阁焉，自道光十一年始龛仙像于斯。然规模狭隘，似不堪妥神灵而昭祀典。族叔九成公服贾楚南，屡蒙神庥，思欲增修其制久矣，惜余乡素非殷实，而九成公则又力微，籍非取资他山，乌能成斯义举哉？爰集纠首公者共商出疏募化事，则有若昌和贾公族悦维公仗义慨允，情甘协力同募，遂于咸丰十一年共出缘薄三本，曾不数载而所捐之项俱归。又令子母相权者数载，计共得银分济一百五十两。又越年而雕镂刻桷，神阁遂焕然一新，殆功成而银项亦尽矣。是所以妥神灵而昭祀典者，皆诸公之力，而又余族叔倡举之功也，于余乎何与？然使后之继起者粗知其旨，永延盛事于勿坠，是则余之意也夫。是为记。

例授修职郎候选儒学训导附贡生 张镇青谨撰并书

大清光绪三年岁次丁丑季秋月谷旦立

四、兴隆寺内碑文

1. 兴隆寺残碑

……萧梁。观武帝雄才，继萧齐崛起，在位可谓一时人……昭也。其立教也，有因果报应之说。如所称送工观…幽冥教主以及十王者，是遵其教者。从而绘之后之…自愚夫悍卒、猛鸷顽獚、王铁不畏、父兄师长不能怀而……者，则夫三代而后，人之不流为魑魅者，政赖有西方之……利。兴隆寺，不知创自何代，览二碑记皆属明纪重修。历年……而心伤之，有志重修而未敢自专也。爰谋之者老、纠首，者……民莫不欣然从之，有财者输其财，有力者效其力，圮者修为文以记之。余因念佛之灵，其感人者固甚深，而吾乡人…

员贾廷璨　董沐敬撰并书

2. 古刹寺（兴隆寺）修建残碑

□北门里西侧有寺一座，名曰古刹，其地高明，坐坎向南，东□散人逸士有志登山迈岭者，罔不游憩于斯，诚冀南一胜也□。第历年既久，梵宇倾颓，圣像朽坏，往来过客靡不咨慨。隆庆□德尚义，卓哉一乡巨擘，一旦捐资，加增南禅堂三间，东西廊各三□深邃，视前时不啻宵壤矣。万历甲午祀，主持僧性奇淳朴聪慧，博□性高，并本村纠首张大库、贾天祥、张大崇、靳崇等同心戮力，欣然□竣，布施辏集，故于正殿则接重檐，换格扇，于南禅堂则起盖焉，于东西廊□妆，颙然可敬，周围四壁，重叠彩绘，烨然可观。凡侍从诸神及香案献悼之属无不□中外遐迩，人来参谒瞻拜者，皆仰之如日，望之如云矣。猗欤休哉！且寺北与□殿后有王世禄施舍车路，出入寺西，前人□置□窠一亩。意嘻，一寺院也，张□而又有数君子协赞于中，所谓群贤毕集，众善悉备者非耶？是功也，起万历□之感应不能若是之速也。余幸逢其盛，所识颠末，永垂后世云耳。

□河县知县文林郎柏庵任尚智沐手拜撰

纠首（略）

主持僧（略）门徒（略）法孙（略）重孙（略）

书字僧洪享

五、可罕庙内碑文

1. 重修可罕庙碑记

邑之东南张壁村，绵山环亘焉。古地肥润，人居稠密，诚南乡之巨擘也。兼且五日一雨，十日一风，早魃不为灾，蝗虫不入境。适其地，见其嘉禾遍野，问其人，咸颂年岁丰登，原阙所繇，非神之呵护默佑不至。此村惟有可罕庙，创自何代殊不可考，而中梁书"延祐元年重建"云。第年深日久，墙垣不无倾圮，彩色不无剥落。睹故宫而泣下者有之，于是僧人宽节慨于衷，约于村之善士天祯、大权等曰"可罕庙，一方之保障也，庙宇如是，于心安乎？"祯等皆勃然曰："师之所言，实众人之素志也。"即书名捐资，鸠众兴工，修坠举废，革故鼎新。以基址则壮固也，以彩色则璀璨也，飞漆流丹，夺人心目，视昔之倾圮剥落大不侔矣。则岁时祭享，何至遗人以风木之悲哉？余尝瞻礼其地，众谒余为记。余□为，可罕，夷狄之君长也，生为夷狄君，殁为夷狄神，夷狄之人宜岁岁时荐俎焉。以我中国人祀之，礼出不经。然有其举之莫敢废也。况神之福庇一方，护佑众生，其精英至今在，其德泽至今存，则补葺安可废，而祀典又安可缺耶？且傍有子孙圣母祠，复同时振饰，则启我后嗣，保我婴赤者，其慈乌可殚述乎？而答报之贶□亦乌可少哉。是役也，起於万历四十七年之秋七月，告竣于今年之冬十月，何□□□速哉？缘人之趋事者亟耳。故一时与事之人咸得备勒于石，以为不朽云。是为记。

大明天启六年七月吉旦府庠廪生
宋可大沐手拜撰
本村张宝林沐手拜书
贾天祯、张全、贾相
起意：本村香老
张大权、贾节、张义
住持僧人　宽贤

2. 重修金妆西方圣境碑文

邑南二十里□□□张壁村□□绵山初落脉所结，其土沃，其民淳，平居阔左，往来诚信，相与绝无浮薄嚣漫之态。村中遇有公举，率偕□将恐□□□争先，视他方悭吝相尚、彼此效尤者实分天壤。本堡南门顶古有西方圣境，殿宇三楹，历年已久，□□□残，圣像剥落。纳子传学于康熙处间早有整饬之举，因岁值饥□□中止。迨去岁幸际时和，传学□遂初愿，□□□□□重整修金妆，乡人咸为欣悦，一时出赀财任力作者，莫不各□所愿亦□，于今厥功告成，金思勒石□□□□以序之。予自束发受书，不佞佛事，为其邻于诞、近于虚也。今观斯举忽悔从前过执，盖人心向善之念，有□□□。今之为善者辄曰愿出苦海，早超西域。登斯堂也，睹斯境也，西方如接，斯入□□之念有不勃勃欲动者乎？□□乐善者思勉于善，为善者益坚于善，一乡而皆善焉。其俗日进于淳，未必□有□此虚与诞也。况坠者举、废者修，乡人急公好义，克继前徽，尤不可没，因缀芜词以志不朽。

邑庠廪生　李佩　薰沐拜撰
候选经历　贾国宁顿首拜书
康熙五十九年起意，雍正八九年成功，大清雍正九年岁次辛亥仲秋谷旦谨立。

3. 补修可罕王庙碑记

窃闻人情皆乐于创新，而功莫要于补旧，盖整齐一方旧地，即如创起一方新宇也。我村可罕王庙后山于今年暮春间忽崩，塌崖山数丈。若不急为修理，则大雨漂淋必将废毁庙址。于是公者、乡约与香老、主持协同商议，请纠首会村众，而好事举矣。崖仍用土筑而坚固倍之，西崖临街数丈易为砖墙，上庙行路尽修为砖阶，南门楼围墙亦易旧而为新，又于庙院中坤地新增一茅窖，而奎楼下茅房、驴圈尽去，人心为之一快。试由街层级而上，入庙四顾，巍然焕然，孰谓振旧而非增新耶？老夫欣喜乐道，援笔而为之记。

本村征仕儒学训导　　贾大彩撰

本村候补儒学训导　　靳炳南书

嘉庆八年岁次癸亥季秋谷旦立

六、其他碑文

1. 张壁村南门外一号金墓圹志

维大定四年岁中二月丙辰朔十一日寅，汾州灵石县张壁村祭主张埼伏为安葬父母并已请灵。谨用钱九万九千九百九十九贯文缵五彩信币买地一段，东西一十三步，南北一十三步。东至青龙，西至白虎，南至朱雀，北至玄武。内方勾□，分擘四域，立极墓伯，分步界畔，道路将军，齐整阡陌，千秋之外，永远艰苦。辄于祀诃禁者，将军庭长，收赴河伯。今以牲醪酒膳，百味香新，共为信契，财地交相。工匠修营已俊（当为竣），永保休吉。知人见岁月，主保人今立符，故气邪精不得忤悔，仙者当永避万里。若违此约，地主吏自当其祸。祭主内外存亡，悉□安吉。急急如律令，摄。

2. 村人同修永护门功德碑

此碑为功德碑，列捐输者名，嘉靖三十八年，现存南堡门内。

3. 补修门街记

夫设险者，守国之要图，相保者，仁里之美俗。而闾中整洁，地利攸关，古人安居乐业，良有以也。我西场巷旧有门街，创于乾隆八年，历年已久，倾圮殊甚，不有捐输，何资补葺？工即兴于七年小阳月，农事既毕，人皆赴功，春阳回暖，工速告竣。爰为之记，以昭示于乐成云。……

道光八年四月十六日谷旦立

贾田荣等

4. 重建奎楼山门碑记

吾乡接南山一带之脉最真，地虽蕞尔，颇据形胜，前人论之详矣，兹不复赘。第急脉缓受，地势宜然。而吾乡南高北低，去脉颇促，赖有北门真武庙、二郎庙为一村锁钥，于以藏风聚水，前人之建立诚善也。但二郎庙山门直冲村南，不若改建艮方更多停蓄。村南罕王庙巽地旧建 文昌／奎星楼，历有年矣，嘉庆戊辰岁移建村外，不几年而基址毁裂，意神灵之不欲迁移，而旧址之究属安吉耶。二工村人雅欲修理，第工程颇大，恐村力难支。乙酉岁经历张礼维筹画起意修理，同生员贾充辉、监生张文炜并余

附录

143

与本年公人商酌，公认金日：村虽力薄，当共勉焉。因公请纠首立薄捐输，幸善有同心，捐赀者若干，捐工者若干，领疏募化者若干。于是鸠工庀材，于北门外旧山门东边新建山门三间，视前更觉巍焕，文昌／奎星楼仍于村内旧址建立。第旧址颇窄，因复广地若干，又从而砖砌之，下接砖窑二间，上建阁三楹，高插云汉。旁立灯杆一座，元灯不坠。而理问张思谦又离北门外地二亩，以供香火焉。至于地藏堂、眼光殿、吕祖阁、龙神庙、北门外照壁，一时并建。虽因创不同，而乐善则一。其他彩绘庄严，随方补葺。又因北门外水道一条直行东注，堪舆谓不若仍旧水向东南，于阖村大有回护。因改渠挡堰，水归东南焉。尤不容已者，吾乡街道向用乱石堆砌，历久敧侧难行，兹尽用石铺砌，荡平正直，人称便焉。倾蹶颠踬，吾知免矣。是役也，起于道光乙酉，竣于丙戌，约费银一千八百有余两。丙戌春，余适任徐沟县教谕，未得与诸君全行理赞。及由任归，而工差竣。诸君问记于余，余愧不能文。然思记以纪事亦无庸深文也，因叙其颠末，既以嘉吾乡之率作兴事者之乐善为不倦，而起意修理之识与力亦不容没也。是为记。

历任寿阳沁水徐沟县儒学教谕　　靳炳南撰

儒学生员乡饮介宾　　贾充辉书

道光十一年岁次辛卯季春　谷旦立

5. 义捐济米碑记——道光十三年

从来歉年饥岁何地蔑有，而济困扶危无时不宜。嘉庆十年，年岁不登，人多菜色，乡人捐赀籴米以粥济困，诚善举也。去年壬辰，年复歉收，视往昔而更甚。吾乡善有同心，勉力捐赀，共借银四百九十两，籴米若干，计口而给。敢云盈止，聊以小补。孔子曰："里仁为美"，孟子曰："乐善不倦"，乡人勉乎哉。

历任寿阳沁水徐沟县儒学教谕　　靳炳南撰

国子监太学生　　张锦堂书

时大清道光十三年岁次癸巳仲夏谷旦立

6. 贾氏建立祠堂碑记

堂以祠名，以奉先祖也。曷其为奉先祖者？古往今来，报本追远之谓也。贾氏自隋□以来，代有新人，□□□□。考大明年间，始祖讳文智从晋阳省城剪子巷徙至介邑南乡张壁村贾家巷定居，南北二宅，丁多族广故也。旧祠□□祥□。自大清道光二十一年元旦，合族人为祀地非宜，奋志建祠，不数日，南□□□□□于无，卜吉，未敢妄建。至二十三年清和月，北□□□□□□，而物归原主耳。自夏及秋，再三踌躇，延至八月□□□□之踊跃赴功者争先恐后，越五旬而工告□□□三门三间，后整砖窑四间，全美难言。甲辰（下残）

7. 创修藏风桥碑记

桥以风名志藏也。古者有藏则以任重示出伏也，丙子得道以谓其藏，程子明道以密于藏，君子待时而动以利其藏，其藏之功烈不同，其示潜伏一也。于道光二十九年七月朔八日癸卯书阴云大雨，自我南郊闻有声自西南来着，村人金曰：此刹声也，剋为乎来哉？舒出视之，但见奔腾砰湃，波涛街惊，北门乍掩，击钟不闻，惟有叩泣北天涯急祷兴隆寺。忽焉虬起二郎庙，水降北门开，即援村人于南门之外挡河水于西堰之间，切望□河神灵显。地中菁形米也，水浚三次，桥势宛成，乃集公人于寺上而告之，曰：石桥不修可乎？曰：石桥不修则淹村。曰：石桥急修可乎？曰：石桥急修则藏风易。曰：风行水上。又曰：逊为风，桥成而风水潜藏，以免一村之水患，桥就而畀水入地，以启执兴之文心。适遇荣母有病，速祷关神愿发青石银五十五两，病果愈复转。公人梁焕葺桥为悦，业动，村人意乐输，因而争先恐后者甚众，继按过桥地亩捐银钱工以成之，伊谁之力？皆曰公者，公者不有，归之公人，公人曰：不然，归之造物不以为功，归之神明神明默佑。而桥遂以名藏风又挡刹。"兴事变成香火地，灰渣换作石头桥，东南洞里醴泉出，西北堤边皎月邀。"

国子监太学　　贾田荣谨撰
本村居士　　　李九成敬书
大清道光二十九年岁在乙酉季秋吉日建

8. 天地坛建修碑记——咸丰七年（天地坛侧壁）

孰非天之所生？孰非地之所养？则凡蒙其惠者亦何在？不当报其恩也！况吾乡绵岩后卫，汾水前环，尤为天地锺毓之区，而可不神神坛以敬礼乎？今因北工社持存六十余金预备修造之费，遂兴议于村东北方创修大厦三间以妥，天地之神用崇祀典且于坛后修设厂棚建立环墙以谨护卫而垂永久，洵盛举也，是为记。

本村□士张焕良□并书
公人：王世□　　仝大明　　贾维馨
大清咸丰七年岁次丁巳六月谷旦立

9. 北堡门"德星聚"门洞内碑刻

昔年我村内因补风水，公地买到李如檀椿树一株，又买到贾科遇榆树一株，迄今在贾宝善堂场内。又买到张立定大槐树一株。此三树木现今俱在卖主原地借长。北门外自香火地内外以及葫芦经至照壁前大道左右，大小槐柳松树皆属阖村公树，不与临近地主相干。为此立石，永远为记。

咸丰八年三月吉日公者约保公

10. 贾氏宗祠残碑——光绪六年（贾氏祠堂内）

一宗计祖茔内有槐树二株，柏树四棵，系企颜、功、□、德、阔五门公树。因光绪四年岁遭大祲，五门欲伐卖此树，族人恐伐树于风水有碍，会同合族，因周济四千文，立笔据一张，将槐树归入阖族祠堂，以为风水之望，后人毋得觐伐，为记。

一宗十四世孙昌和施长和北山地合十九亩五分

十五世录企颜、功、□、德、阅

光绪六年夏四月合族公立

11. 西场巷东口铺地面残碑

（残）常以不获亲见其人为憾。侧闻先生气体英异，胸襟磊落，（残）年，恰是未生一日，先生盖敦本力行人也。兼以商起家，以（残）上田不多，其教□□□峻其观，谓吾往来四方，岂徒自娱，（残）衰，访其为父鬻妻之故，急出赀付之，俾得全其家室。途中（残）乐、通情愫、道款洽。时将军曰，惟子干城之选，当为国家（残）戚属倚任之专力辞。时有同里投券乞济者，先生焚券厚（残），舜卿之女（残），太君黾勉同心，所谓君子好逑也。惜（残）

七、新中国成立后碑文

1. 修复西方圣境殿碑记

西方圣境殿独居张壁村南门其首。前临铺石长街，和村北空王殿等群庙遥峙，背堡外关帝庙隔辙相望，屏依绵峰。其右毗通可罕王祠，其左侧可睹右西教场。古堡形胜，一览在目。其殿凤有小西天之谓，然创建无考也。殿侧仅存清雍正八九年《重修西方圣境殿碑记》。殿内塑像多尊和四壁悬塑惜于六十年代后期被毁，殿观破败失修已年久矣。欣值古堡开发继各界集资重建关帝庙，张壁村党支部、村委紧接向全村倡捐，实施西方圣境殿之修复。村民纷纷慨然应捐，不越三日即集资一万五千余元。其振兴张壁之虔诚可见。该工程于一九九五年三月启工，九月中旬告结，经重修，圣境其殿一改破朽旧观，琉瓦壮丽，漆丹绘彩。古堡其颠，更增辉煌。此概述修复其事，并铭记张壁村民捐修之功德耳。

公元一九九五年十一月一日（重阳吉日）立

2. 重修张壁古堡关帝庙碑记

关帝庙坐落于古堡南门外，与堡内可汗王祠毗连，始建于明末。康熙五十年予以重修，其规模为正殿三楹，配以东西朵殿，北面乐台与山门联体同轴，同南堡门咫尺相对，堪称特色。乾隆五十六年又构筑抱厦，新建献殿，迄今二百余年。历经风雨沧桑。清道光以后，几无修缮。"文革"十年浩劫，庙殿更趋破坏不堪。朵殿、泥塑和旗杆尽将毁去。村人虽凤愿修葺，奈因工程浩大，财力不济，未能兴工。幸逢改革大潮，市委、市政府对古堡文物保护和开发建设极为重视。张怀文市长特批专款五万元首先投资关帝庙修复。有关单位和各界人士亦相继捐资献物。中国人民解放军驻介八七三七一部队支援青砖五万块，折款七千五百元，市汽车培训学校捐现金一千元。个人捐资金额达六千余元。重修工程于一九九四年六月三日动工，同年十二月十五日竣工。核计共投资金额人民币八万五千元。修复后的大殿、献殿浑然壮观。乐台、山门修整一新；朵殿、旗杆、彩塑全部复原。合堡村民为感念八方功德，公议立碑纪念。

公元一九九五年五月一日立

3. 古堡开发记事暨庙会重开碑记

　　我村张壁幽雅古老，历史文化遗存丰富，有得天独厚的旅游资源优势。一九九四年以来，在党的富民政策指引下，村党支部和村民委员会带领广大村民兴办旅游，遵照文物保护的原则，首先对失修的道庙、佛殿和堡下暗道、砖厂金墓进行修复、清理和抢救和发掘，逐步实行对外开放。接着开辟了龙凤线、绵山线两条共十多公里的旅游道路，修建了停车场、票房、接待室等设施，进行了道路绿化和环境整治，并加强了古堡文化的发掘研究和宣传，不断完善旅游服务，取得了可观的效益。古堡开发，受到介休市委、市政府、龙凤乡党委政府、各级主管部门领导的重视和大力支持及邻近厂矿、学校、企事业单位、兄弟乡镇、村及社会各界团体、人士的慷慨捐助，来自全国的著名专家、学者和研究人员对古堡作了深入的考察和论证，并给予科学的认定和高度的评价。年内古堡申报国家级重点文化保护和旅游精品工程立项的工作已进行完毕。为弘扬古堡文化，促进张壁繁荣发展，古堡于一九九八年农历七月十八日至廿日恢复传统庙会并举办首届文化艺术节活动。三年来，每逢庙会，百里商贾、八方游人云集。古堡上下载歌载舞，热闹欢腾，一派兴隆景象。古堡开发为张壁空前盛事，值此先期工程告捷之际，特立此碑，略记其事，以为纪念。

张壁村党支部　村民委员会
二零零零年十月立石

附录2 口述

一、贾鸿善口述

被采访对象：贾鸿善，农民，在生产队当过会计，对空王行祠的琉璃碑保护起到关键作用
采访时间：2017 年 3 月 11 日

问：您能给我讲讲您的家族（贾家）的发展过程吗？什么时候最兴盛？

答：贾家有神纸记录了每一辈的名字，在贾忠厚那里保存着，他 60 来岁，大约是第 25 代人，"厚"字辈。我这一代是 24 代，是"鸿"字辈，上一辈是"源"。村里姓贾的有 50 户，都是同门本家。后来又搬来一户姓贾的，所以只有这一户不是亲戚。村里其他姓的话，靳家也是一个家族，王家则有先后迁来的三个王，另外张家也是三个。

问：贾家的院子在土改的时候有分出去吗？

答：贾家祠堂当时分给了三户人。村里只有张家祠堂和贾家祠堂。张家大院修在贾家巷里面，张家祠堂在小东巷；贾家住的比较分散，贾家祠堂在贾家巷。

问：贾家发展的最好的后代，院子最大的是哪家呀？

答：胡家园有大概 4 处好院子，就算是贾家比较大的院子了，比如胡家园 4、5 号院。

问：村里"文革"的时候居民的院子拆的多吗？

答：不多，大部分都保留下来了，倒是土改的时候拆了一部分。我以前住大东巷 7 号，是我父亲从杨文秀手里买的，当时我爸爸和他哥哥分家的时候，哥哥要房子，我父亲种地，攒钱慢慢买了这个房子，买了之后稍微修缮了下，修缮大概是在日本人来的那年（1938 年）。

问：村里有没有有名的泥瓦工等？

答：有两个人比较有名，一个做泥活的人叫张霄云，但是已经死了；村里还有个木匠叫刘起祥。

问：咱村里面有砖窑或者瓦窑吗？

答：解放后有，以前很少很少，记不得什么时候有过。解放后那个在古堡的西边，堡外有遗址，咱村里建房子的砖都是从周围别的村买，周围也没有烧砖的，但是有拆房子卖的。

问：村里的庙什么时候有过毁坏？

答：只是解放之前内战的时候烧了兴隆寺，别的庙都没事，那些壁画也都是保存的原来的。空王殿的壁画特别好，讲得是空王在绵山成仙的故事。三大士殿以前也是琉璃顶，大概六几年修成现在灰顶。

问：兴隆寺里为什么只有一个钟鼓楼？

答：说不来为什么只有一个，以前一直就只有一个。有说法说佛家的兴隆寺，只要钟不要鼓，道家才响鼓。之前村政府在兴隆寺办公，村里开会就在钟鼓楼那里敲钟。

问：您的记忆里哪一年村里有迁来外人吗？

答：新中国成立后那会儿，1950 年遭灾的时候，迁来大约有 30 人，是从吴城、定县、河北迁过来的。没有钱的人就住在堡墙外面。

问：咱村里以前就知道有地道吗？

答：一直知道有，只是一般人没进去过。我十来岁玩的时候进去过，地道里面积着淤泥。

问：张壁新村这块原来是什么呀？

答：农田，土地，以前在堡内住着，来这里耕种

问：咱村民居有什么风水说法吗？

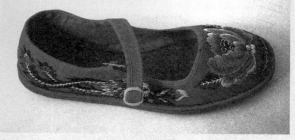

燕宝玉老人绣花鞋垫　　　　　　　　　　　　燕宝玉老人绣花鞋

　　答：哪里也有好风水，有不好风水。据说是澹宁院不好，庙前穷，庙后富，庙左庙右出寡妇；再有可罕庙附近的大东巷24号院，风水就比较好。

　　问：您的爱人做的手工艺在村内比较有名是吧？

　　答：我爱人名叫燕宝玉，主要擅长绣花，在村里算是有名吧，村里嫁闺女要穿绣花鞋，这个难做没人学，做的人少了。她是祖上3代迁来的，迁来的原因说不上来。

二、贾鸿云口述

被采访对象：贾鸿云，92 岁，1925 年腊月生人

采访时间：2017 年 3 月 12 日（星期日）

贾鸿云老人

问：您家里有神纸吗？

答：有，不过这个是三四年前补做的，神纸上的名字是从我祖父开始的，以前的没有了。之前在大队的那个年代可多了，后来烂了，村里贾家有二三十户，都是一家。我父亲叫贾财源，我的四个孩子分别叫贾淳厚（老大）、贾铜锁（老二）、贾银锁（老三）、贾金锁（老四）。

问：我听说贾忠厚家里有族谱是吗？

答：那是另一家的五儿子，和我不是一支，我们跟他是本家，他父亲是贾鸿照。当年名字是按一辈一辈起的，后来就有点乱了，第一辈是贾自 X，后来是贾 X 源（第二辈），第三辈是贾鸿 X，再一辈是贾 X 厚，在往后是贾思 X。这是五辈，"思"这一辈有贾思贵等人。

问：您知道贾家是什么时候迁到张壁来的吗？

答：按老人说与洪洞大槐树移民有关呢，年代多了就不好说了。最开始，张壁有四个姓，靳、张、王、贾，说不来哪个最早，目前贾家最大。跟我家最近的亲戚是贾鸿官家，我俩是叔伯兄弟。但是他也已经去世了，我这一支的鸿字辈现在就剩我了。

问：您在古堡里面住在哪个家呀？

答：胡家园 4、5 号，拱券大门里面。有拱券门的那个是我家，旁边的另一个院子主人叫贾铁家，不知道大名叫啥，他家没搬出来，还在那里住着。他家跟我家是本家，贾铁家跟我小孩一辈，叫我叔叔，我管他的父亲贾鸿早叫哥哥。

问：胡家园 4 号院一直都是您家的是吗？

答：是我 1952 年土改后向宋立元买的，我小时候家里没房住，一年 100～200 元钱租郑文华家的房子，是一个建在贾家巷最后面的窑洞。我父亲活了 72 岁，1962 年死的，我家在那里住了 12 年。土改的时候分院子，分给我的小，分给宋立元的大。我加了一些钱，让他跟我换了院子。不过那个房子土改前也是他的，大概是他修的吧。房子是民国之前就修好的，之后我只是补了补，不过后头院里的那个窑洞是新修的，那个拱券大门至少得 100 多年了。

问：您家那个院子原来是车马院吗？

答：是的，买的时候就是车马院。我家旁边那个带福字的门塌过，后来大概七几年我重修的。福字影壁早有了。

问：那旁边那个贾鸿早的院子再往前是谁的呀？

答：那个房子一直都是他家的，是贾鸿早的父亲传下来的。贾鸿途、贾鸿早等弟兄四家一起住，贾铁家兄弟两个，贾铁家是哥哥，弟弟早就没了。

问：这个院子有两处，西面这个也是贾鸿早的院子？

答：西边那个是贾自岁家的，这一家亲戚关系就更远了。这个院子土改之前一直是贾自岁住着，土改的时候有个叫周永奎的买了他的房子。

问：所以之前贾自岁住在西面那个院子里，贾鸿早住在中间那个院子里。那贾自岁和贾鸿早是什么关系呀？

答：本家，是一个贾，但关系远了。看跨院的形式很像亲戚的院子是吧？但不是的，那个是旧社会的，不知道怎么修的。

问：贾家祠堂原来长什么样子？

答：贾家巷第二家，门口有门槛，门前有平台。我们小时候那个地方有栅栏，里面是个四合院，有窑洞。东面还有一个拱券是私人的，现在没人了。

问：村里有哪些是贾家的本家院？

答：说不清，年代多了户数也多了。我小时候村里总共有100来户人家，贾家大概占十多户，后来增加的多。

问：您还知道村里有什么老院子吗？

答：西场巷22号院有个枕头窑洞，除了张嘉会堂之后就是这个院子最老。嘉会堂是财主家的，以前窑套楼非常好看。22号院里面也有一个，不过被自己家人拆了。

问：村里有什么大事件吗？

答：我听老人说光绪三年，这片遭过大灾，三年没收成，死了不少人。还有就是内战的时候在这里打过仗，当时在二郎庙打，还烧了兴隆寺。再之后是"文革"的时候，把关帝庙的佛像全拆了，现状是后来重新修的，这些庙里只有空王殿里面的佛像和泥包铁像是老的。

问：咱村有过几次外来的迁徙呀？

答：日本人没来的时候大概1936、1937年有迁的，日本人的部队1938年在这个村里住过，就在可罕庙戏台旁边的窑洞里，住了3～4年。当时我是十四五岁的小孩。不过当时真正的日本人几乎没有，主要是禁闭队（中国人），在这里还死过人。当时张壁村有两个人比较有名，一个叫郭金斗，在介休当队长。还有一个是禁闭队的人，后来叛变去当解放军待了几年，做了共产党的师级干部，叫董红沟。

问：当时大地主有谁呀？

答：最大的叫王永义，他现在活着的话得100多岁了，不过家里没人烟了。他住在靳家巷第二个门里，那里有口井，井后面就是他家。他有好几处院子，靳家巷2处，还有他从张姓家族手里买了张嘉会堂，然后土改分出来了。我小时候见过他，打仗的时候他逃走了，回来没后代了，然后就没有发展了。

问：以前古堡里的房子密集吗？是一直修到堡墙吗？

答：石头埋的街道一直都有，大概格局像现在一样，老房子很多。七几年堡内住不下了还修到堡外去，不过老房子全在里面。

问：咱村里修房子的砖从哪里来呀？

答：周边其他村买的，咱村没有砖窑，以前烧过，但是后来没人烧了。古墓附近有八九个砖窑遗迹。

问：以前就知道有古墓是吗？

答：不知道，开砖窑才开出来。时间不长，20多年，开出来古墓后那个砖窑老板就死了。

问：村口的桥下一直都没水？

答：没水，村里以前吃水都是井，18丈深的井有7口。贾家巷有2口，胡家巷有1口，靳家巷1口，大东巷1口，西场巷1口，小东巷有1口。后来贾家巷的那个塌了，那个在村外面地道一出来的地方。

三、郑广根口述

被采访对象：郑广根
采访时间：2017 年 3 月 11 日

问：民居建造上您认为张壁村有什么特别之处吗？

答：张壁村的建筑朝向重视略偏西南一点，这样采光稍好。另外讲究厕所不在院里头，要从正房西面的廊子下面开个门，把厕所修到西房的背后。也有厕所修在院子里的，就需要在门前做一个小小的影壁。

问：村里原来有几户窑套楼？

答：我记得有 3 户民居，贾家巷的张嘉会堂有一处，1967 年初"文化大革命"拆的。拆的原因包含私心杂念，当时那个楼没有分出去，有人家弟兄多孩子多，外边要修房没有木料、砖瓦，所以借着文化大革命两派闹腾的风儿就拆了。另一个是西场巷的 22 号院，承启堂，那个是民国初年拆的。据说贾家第十五代后人有个叫张炳的，不知是因为在外面抽鸦片过不下去了还是为了躲避沿海地区战争，就回来了。回来以后在家里头翻财物，翻腾时找到一封家书，上面说这个院里头有两大瓮雪花银。于是翻找中拆这个楼房，还拆了过厅、大门，最后也没有找到。再一个就是张嘉会堂背后的一个院子，这个院子正房的砖窑顶原来也有一个小房子，不是很气派。这个是"文化大革命"以后拆的了。原因是以前老百姓贫困，拆了后的木料让孩子们打打家具，整个箱子柜子啥的。因为上面的木头比较好一些，不像地上的就朽了。再有的话就是二郎庙是个窑套楼。

问：那这 4 个下面的窑全是十字窑吗？

答：不是。张嘉会堂是正常的窑洞，但从一层到二层楼房的回廊下是一根柱子，叫窑套楼通天柱。在介休北辛武有个冀国定宅，它的窑套楼通天柱还在，是咸丰三年建的，不过非常破烂了。

问：您祖上一直是本地人吗？

答：不是，我祖上不是这里人，而是民国初年从忻州迁过来的。我们买的是乾隆四十九年的窑，现在这里晋北人还是不少，从张壁往上走，有好几个村落都是晋北（主要是忻州）的老乡迁过来的。到明清末期，村里主要是张、王、贾、靳四大家，当然也有很多杂姓了，关帝庙康熙五十年的碑刻后面的姓氏就得上几十个了。

问：这四家是什么年代的？

答：这些人家最早是在明代琉璃碑上出现的，年代说不定了，再往前没有记载了。传说是明正德年间（明代中期）过来的，这个大概时间是通过那一年贾家修家谱，从神纸上面推算出来的。贾家是太原迁来的，张家来自凤翔湖。王家和靳家是原来固有的，张家原来也有，但是不是这个张家不确定。鉴于这次迁徙不是发生在洪洞大槐树那会儿，我估摸他们会知道这里有这么个地方能够收留他们，可能是因为他们（这个张）是当年元末战乱中搬出去的，他们落叶归根又回来了。

问：最初王家和靳家一直在，后来迁来了张家和贾家，再往后还有大的集中移民吗？

答：再有就是 1908 年民国前后。我爷爷是光绪三年生的，我爷爷来这儿的时候是日本人在忻州蠢蠢欲动的时候，那个时候晋北与河北相接的地方察觉到形势不好了，就南迁过来了。这批移民一共来了至少九个姓，包括我们姓郑，还有姓梁、霍、容、韩、周、张、范、宋。不过最初迁过来时不住在堡内，而在靠绵山的神湾，因为那里土地荒芜，没有人耕种，他们就在那儿刨地，种一点山药蛋和莜麦，再砍点山货，割点藤条，编一点筐子。在那里过了个十来八年吧，后来攒了点钱，到村里买一间房、一个院居住，像大东巷 17 号就是我爷爷买下的，房契上写的是李家的。当时是贾家卖给李家，

然后李家又卖给我们的。

问：现在村里最大的姓氏还是贾？

答：是的，张、王都不行了，靳家已经没有后人了。现在村里有1100口人，贾家六七百人，占1/2还多。新中国成立的时候，村里最大的姓也是贾，全村450口人，贾家200口人左右，约一半比例。这个时候张家百十口人，王家几十口人，然后就是杂姓了。现在村里像我们这部分外迁来的人的后代，能够占到原始居民的一半。

问：村里人口最少和最多分别是什么时候？

答：最少就是解放的时候，约450口。最多据说是在嘉庆的时候，达到2000口人。不过在我的记忆里，村里房子没有经过破坏的时候，村里是住不下2000人的。有可能这个数据包含了周边的沟壑、窑湾，还有一部分在外面经商的人。

问：贾大彩这个人在碑文上出现的频率特别高，他的后人还在吗？

答：这个说不清楚，现在都对不上号了。据赖德霖博士说，在康熙字典上看到过贾大彩是陕西那边县令候选的记载，但是没有后续的记载。不过贾家就一个姓，贾家从太原来到介休是弟兄俩，一个叫贾文志，一个叫贾武志，弟弟贾武志留在了介休城，介休城也有个贾家巷，就挨着文彦博的那个文家庄。哥哥贾文志就到了这里，贾大彩应该是他的第三代。贾家第二代是"国"字辈（贾国瑞），然后就是"大"字辈。

问：贾家、王家、靳家有什么大的宅院遗留下来吗？

答：张家、王家、靳家都有，贾家没有，贾家就是西场巷有个贾宝善堂，是道光时期的。贾家在民国初期第28代出过一个叫贾荣生的，曾经在介休县担任过女子学校的校长，笔名叫航海，号儒山，这个人在贾家还有点名气。王家大院有大东巷24号院、靳家巷4号院、西场巷的5号院，原来父亲在的时候大家族都住在一块，后来分家分户。靳家有小东巷4号院和小东巷的另一处院，靳家巷可能还有，但是靳家清代晚期就衰落了。靳家出过一个叫靳炳男的，在清代嘉庆道光时期的曾经做过类似教育局长的官职。

问：胡家园5、6号院是一家吗？

答：那个原来是贾家的院子，大概是贾家24代，"鸿"字辈。有一个贾鸿途、贾鸿早兄弟，他们的父亲是源字辈，他们贾家取名的时候吧，上一辈字在中间，下一辈就在后面，然后再返回中间，五辈之后出一个单名，出了五伏就不亲了。他家那个西面的院子，清代的时候到了好像姓李的人家手里，贾家只有两个院子，一个写着"拥翠"的拱券门，还有一个写着"诒燕"，小门外面就不是他们的了。那会儿大家经商致富都热衷修房，且都按乔家、王家的风格做，工匠们之间也时兴狮子滚绣球、五福临门之类的做法。

问：现在东西跨院是不是贾家兄弟的？

答：西面那个院子不是他们家的，不过有拥翠门的那个院子里窑洞西面设门，内有暗道可以通到诒燕门的外面。中间那个院子住着贾鸿途、贾鸿早兄弟，他家弟兄六个，老大被八路军枪毙，老二少亡，贾鸿途是老三，贾鸿早是老四，老五没了，老六也没长寿。解放时候就贾鸿途、贾鸿早还有老六三个兄弟住那个院子，"文革"以后才去世。

问：张家兄弟除了张礼维、张义维还有别的兄弟吗？

答：据张家的张学陶老人说，他是张智维（仁义礼智信）的后代，从大庙里面的梁枋题字，以及碑刻上见到的十多个名字，可以相信张X维还是有不少的，但是"维"字辈以后就明显衰落了。张家在乾隆时是鼎盛时期，道光开始沾染鸦片，以至于在湖北、天津、安阳等地方的字号都衰落了，很快就没底气了。具体字号没有确切的记载传下来。现在能确定是张家的院子的是：张嘉会堂，西场巷

22号院（承启堂），西场巷15号院。

问：张嘉会堂的宅院是之前就修好了的还是张礼维、张义维兄弟修的？

答：这个不好说，因为宅子修了拆拆了修，也许原来就有，但是不够威风、虎气。张礼维、张义维兄弟是乾隆晚期的人，张家的发展从明中期到清乾隆有小300年了，应该有实力了。有钱人家很平常的心态就是做一个更加威风的房子，古堡里土地有限可以扩建的范围不大，所以就看谁家的门楼子高。比如说西场巷22号院，正面的三孔窑洞砖很大，是明代修的，后面的十字窑是嘉庆年间修的，廊子上面写着嘉庆三年，这就是在窑洞的背后又买了土地，然后修了后来的窑洞。现在我们描述的张嘉会堂的规模是他们清代时候呈现的样子。

问：十字窑不是一次修起来的？

答：不是，都是分开修的，一方面因为没有那么多钱，另一方面因为刚做起来的砖窑是湿的，需要有个干的阶段，且地基沉降也需要个阶段，要等负担都平衡了再去做后面。一下子做起来会出现不合锚，一烘干空间大了或基础沉降了，就会容易坍塌。何况古堡地下都是地道，更要做得特别小心。

问：咱新中国成立之后修房子也是这样吗？

答：古堡内的建筑尽量用条石，因为他们相互搭接咬死，即便有某一个地方下沉，也不会坍塌。一般人家不选用砖的，一来村里没有那么多砖，因为以前的房子是里面做土坯，外面包砖抗风雨，所以拆墙下来的砖都朽了，留不下好砖。二来去河滩里捡石头块很方便，石头块多得很。一般地基做差不多一人深，下面用灰土，三合土，上面用石头块砌到高出地面十公分，再开始砌砖。

问：咱村里用的砖瓦是从哪里来的？

答：我们这里烧造的历史很悠久了，原来有个窑址，解放以后村里还用它烧。我判断这个窑是明代晚期，因为砖比清代的要大。不过我们村村南、村北、特别是西面，有好几个地点都发现了遗迹。

问：新中国成立后古堡内新增的房子多吗？

答：多！原来堡墙里面的建筑是现在的70%，建筑到堡墙留有十米到二十米的距离，在军事上叫"马道"。这是古代为了方便登堡作战、运输材料、调动军队空出来的，或者是预防堡墙坍塌。解放后这些地方随房子分给老百姓了，没有明确的划分，人口发展了就把这些地方修上房子了，新修的有二三十户。

问：东西堡门之前一直都没有？

答：没有，以前在大东巷有个小南门。古堡东面的豁口是张壁村人口发展之后，村里为了方便内外连通而自己开的门洞，到1998年新修了一下。古堡的西边是个天然沟壑，本来就没有门。

问：咱们村历史上有名的匠人有哪些？

答：在道光年间的石碑上面有一个叫燕居旺的泥工，村里管他的后代都叫泥头，还在张壁村生活但是不做这个活儿了。新中国成立那会儿有两个做泥水活儿的，一个叫王永林，一个叫张霄云。再往后就是河南迁来的刘起祥、刘发祥兄弟，做泥活儿和木活儿都是高手。

问：村里有二层阁楼的厢房是什么建造做法？

答：那个我们叫"卡"，也叫木板二层。那个框架是一下子做起来的，柱子一直通到顶上，把上面的顶架起来以后，在柱子中间的位置上面打洞，插上支撑，再加檩条，我们叫卡檩。之后搭一层板，木板往上订的时候要分成好多小的，才能一块一块订进去。

问：有的厢房进去的时候是三间，有的从中间分开成两间，这个是怎么做的？

答：主要原因是东西厢房加上院子的宽要同于正房窑洞的宽，而正房砖窑局限在两边都要有很厚的墙来给它增加压力，只能是三拱窑洞，不像别的地方瓦房可以修成三间再带俩耳房的形式，这样的话厢房里面最多也就是6尺，就很小了。不过过去这个屋是财主家用作借贷款先生的工作间的，客户

都是隔着窗子办事儿，所以屋子里能放几个柜子就够用了。这种叫商贾，商是走出去经商，贾就是在家里开铺。道光年之后，商贾人家不多了。房子为了使用方便，就把三间房修成两间了。中间隔一堵墙各走各的门，屋里就分别多了半间。

问：新中国成立后到旅游开发前，张壁村哪些民居变化较大？

答：这方面有两个节点。一个是土改分房，本地1948年解放，到1950年村里仅剩的张家财主也逃跑了。土改的时候这些大院基本都空了，包括张家会堂、承启堂、贾宝善堂、济生堂，以及靳家巷的福寿康、庆有余院等等，一共有十来个院子没有经过斗争就直接分给老百姓了。另一次就是1966年"文化大革命"的时候，当年分得地主房子的人们下一代都25、26岁了，一间房已经不够住了，这个时候是突击修房子的阶段，也是财主的房子倒霉的时候。新房门窗用的木料、家具用的木料都是从老房子上拆下来的。

问：当时分房子的过程您还记得吗？

答：当时张家会堂分给了11户，西场巷22号院分给了4户人家，贾家巷31号院（清宁堂）分给了3户人家，分别是梁、荣、王三家。宝善堂分给了4户人家，分别是边、王、张、贾，不过这个贾不是他的后裔，是本家。靳家巷庆有余院分给了4户人家。靳家巷四号院分给了4户。靳家巷五号院分给了2家，这家当时还有地主在，给留了一间房。

大街上原来裕合成商号分给了2户，乾隆时候那个地契上写着是张德维家的房子，当时就是一个商号了。裕合成是平遥德蒲的李家商号的支号，雇佣的掌柜也是平遥人，叫高缠。后来在高缠晚年倒闭了，房子就回到了仝家。

大东巷24号院分给4户人家，原来的户主叫王国艺，也算是个地主。张壁的情况比较特殊。一般张壁人在外有商号的，家里也有地。

大东巷的2号院原来是孙友仁家的分给了2户人家，张治家和樊家。西场巷三号是王老八家的，叫王可义，最后是分给了2户。

问：您知道场院和车马院的区别是什么吗？有的是不是场院也当成车马院？

答：是。场院主要是晾晒粮食，讲究要平，干净。马蹄子底下不干净了，所以有区分。但是有的圈马的地方也和场院在一块。场院现在一般都是种地，以前场院就是空着，堆放一些秸秆等烧火用的燃料。以前场院里面的地基都是打得很结实的。

问：那当时土改分房的时候场院怎么分啊？

答：场院也就随到里面去啦，就是分完几间房，旁边有场院就带给那户人了，有时你家割一块，他家割一块。

问：我听说张家祠堂挪过位置？

答：张家祠堂现在在槐抱柳东面，原来在一进贾家巷永春楼那里，贾家祠堂旁边。现在贾家祠堂的位置和街南面的院子原先都是张家的，张家开始衰落的时候就把地和祠堂让出来了。贾家修祠堂后，张家祠堂显得不光彩了，道光八年张家就把祠堂搬到了小东巷，在东涝池的南边，这样两家各占了一个涝池。

问：那张家大院在贾家巷里面，这个贾家巷的名字是什么时候定的呀？

答：这个不好说，应该不会迟于清代，贾家有个老人活着的时候说起，贾家惹不起张家，所以了巷名，张家落得是张壁这个村名，而王家最次，王家巷只有三户人家。靳家原来可以，靳家巷和小东巷都有他的人，靳家衰落得太快。

问：旅游开发前我们修复过什么庙宇吗？

答：1994年左右把可罕庙的教室还原成原来的，1995年修复关帝庙。原来村委会占着二郎庙，

1964 年左右村里买了个三菱拖拉机，就把二郎庙的山门给拆掉了，到了 2003 年，重修了现在的山门，不过位置稍微往东偏了一点，最初山门是挨着戏台的，现在中间留了个水道。

问：兴隆寺指的是进入山门之后的那个小院是么？

答：那个就是核心庙院，往西有个空地，我们叫园子，园子里靠王家巷这边本来有两间房子，后来因为战争毁了。（图 3）

问：真武庙等没有变过？

答：没有，真武庙、空王殿、三大士殿等都是把神像搬了。1960 年左右村里的生产队和领导核心在三大士殿，西房外侧是个小型会议室，往里面是农业合作社社长办公的地方。三大士殿早先也是琉璃顶，据说是因为一次飓风过来，原来保留的康熙三十年维修后的原状被飓风吹倒了，在我收集的时候脊块已经参差不全了。真武庙、二郎庙、空王庙的大殿都改作生产队放粮食的仓库，这里有四个生产队，张家祠堂正房、二郎庙大殿、空王殿都是第二生产队的仓库，真武殿是第一生产队的仓库。真武殿屋顶是嘉庆十三年（1808 年）的，原来并没有明显的三聚顶，是因为当时空王殿的饰品楼阁被人偷走了，2001 年介休市张壁古堡开发办公室来了之后为修复空王殿残缺，就联系阳泉平定那边的窑造做了宝鼎，一下做了两套，做完了后觉得多一套不好保存就直接放到真武庙顶上了。其实那个不应该是道家的东西，道家上面最多做几个小楼阁，葫芦宝瓶应该是佛家的东西。其他的话，可罕庙大殿的屋顶是 2008 年修的，原来脊块都是琉璃的，时间久了后琉璃表面的玻璃部分都朽坏了成白色的了，就重修了。

问：空王殿那个什么时候被偷走的？

答：那个都被偷过四回了，赶上大陆改革开放那会儿还有香港那边的人来动脑筋，借故拍照上去后假装放镜头，就把小东西装相机包里偷走了。我知道 1987 年左右有个人想偷到香港去，不过他后来倒霉得癌症死了，这是个真事。后来村里加强了保护，屋顶上的仙人走兽类小东西也还是丢了不少。

问：此前空王殿顶保存得很好是吗？

答：没有，1947 年的时候阎锡山的军队和八路军在这里打仗，当时阎锡山驻军在往北五华里的南庄，南庄和张壁的地形很像，但看介休看得更好，所以更适合驻扎军队。八路军从绵山过来，可罕庙没有发挥作用，交火就轮到了二郎庙（因为高），北堡门庙宇的墙上留有枪洞，都或多或少有过损坏。后来的话就是解放以后，政策上认为这些神庙的文物古迹是一些腐朽迷信的东西，民

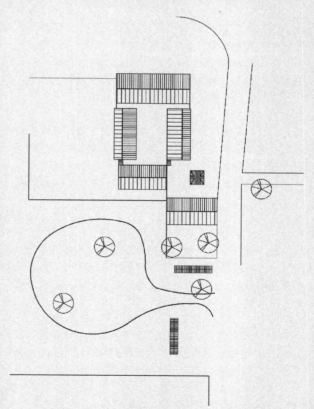

图 3 兴隆寺及六星槐复原图

兵甚至用仙人走兽练习枪法。不过空王殿总体还算保留的比较完好，一方面是因为他比较精美，另一方面是因为解放的时候，介休县级的文化部门有人来调查文物古迹，当时村里生产队的会计贾鸿善说咱村有两块琉璃碑十分独特，没有听过别的地方还有，所以这两块琉璃碑就作为张壁的文物，并使空王殿随之得到保护。介休市在1961年的6月30号就往墙上定了块文物保护的牌子，那个牌子发挥了作用。

问：那三大士殿的顶呢？

答：那会儿三大士殿的两个戒房分给老百姓住，琉璃顶没动过，后来是因为时间久了残缺不全了，有灰有琉璃不成体统了，2007年左右统一修了。

问：壁画或者雕塑在"文革"时候有被毁的比较严重的吗？

答："文革"的时候可罕庙大殿里的壁画被毁了，神像是在1953年被毁的。1953年我上四年级，那时候学校一二年级在东房，三四年级在西房，后来因为四年级搬到大殿里面去而毁了雕塑。当时壁画还都在，在"文革"之前这个壁画是被纸糊了，"文革"的时候大殿被分成两个间，那些壁画被看成是牛鬼蛇神而铲了。

问：村里还有哪些地方变化较大呢？

答：槐抱柳前面原来有好多店铺，店铺前面有1.5米宽的廊子，要上三级台阶才能上去。廊下从北到南有6根柱子，平常有个天阴、下雨、暴晒什么的，人们都会集中在这里去乘凉。这里背后就是柜台，会吸引卖豆腐、剃头、钉鞋的小买卖人和各种手工艺人集中到这里，特别热闹。

问：现在有的风水树有哪些？

答：德星聚门里有个嵌碑记载，张壁村进村有七星槐，槐抱柳那里原来有6棵老槐树，叫南斗，讲究的是堡内六郎，堡外七星。七星的位置第五棵槐树和第六棵是长在一起的，是因为南面南庄村的财主认为我们村的北斗遮了他们村的南斗，一直阻碍栽七棵树，后来只能想办法把两棵树种在一起，远看为六近看为七。此外，那块碑上还提到贾宝善堂院里有棵椿树，这棵树特别地高大粗壮，加上此处地形又特别高，它和南斗、北斗一起，由村西南到东北斜插着连起村里的风水。这棵树虽然长在了贾宝善堂院里，但是村里出钱买了它作为公树，规定私人只能保护不可砍伐。

问：二郎庙里面是不是原来有树？

答：二郎庙里面原来有两处古柏，现在那处云杉树，因为结子像钱串，当地人过去叫钱树，合起来是一钱二柏。这个钱树原来在戏台前面，两棵柏树在山门这块，是康熙年间种的，到民国之前已经很粗了，后来有一次被雷电击了，我小时候那里已经开始养槐树了。

问：村里有传统的手工艺人吗？

答：有几个会刺绣和剪纸的老人，一个叫王景瑜，前年去世的，活了92岁。王景瑜去世后就没有人剪纸剪得像她那么好了，张壁村多少年来，包括我结婚的时候，剪纸都是她剪的。碗上、包裹上、杯子上面贴的，还有洗脸盆上盖的都是她剪的。另外我们当地讲究姑娘出嫁要穿绣花鞋，这绣花鞋要绣十种东西在上面，寓意十全十美。绣工好的有一个年龄最大的叫燕宝玉，今年79岁了，一个叫邓景凤，73岁了，一个叫樊素贞，今年74岁了，还有宁拉弟，50来岁。再有就是编织，用山上的那个藤条编个篓子、筐子，用来放食物。我爷爷做这个最厉害，当时在我家编了很大的放粮的囤，一个囤里可以放五石、八石粮食。到了夏季把里面用泥巴，灰泥糊掉，粮食搁进去防潮湿，底下有个洞，那木头楔子塞住它，用的时候把它打开，粮食唰一下就都出来了。

问：有没有传统的表演？

答：当地人喜欢背棍儿。背个铁架子，上面有个装扮好的小孩儿，底下的人扭，上面小孩跳着躲。因为都是庄家人，这摇劲儿好。解放之前民兵到城里破坏铁路的时候，把铁轨抬回来了。村里的工匠就拿那个做了 20 多副背棍，加上邻村最多的时候有 40 副。村里街道上从可罕庙到槐抱柳这儿，全都是背棍的。现在也有，但是太费劲，慢慢演的少了。再有就是闹过旱船、推车、翘腿等。

问：在您小时候的记忆里，咱村主要的公共活动空间在哪里呀？

答：贾家巷里贾家祠堂西面，嘉会堂车马院北面有一处平地，南边挨着贾家巷街道，北边挨着王家巷街道。因为这个地方大，村里民兵集会、训练都在这儿，还有外地来的耍猴、跑马卖艺、各种民间活动也都是在这里。但是后来听说这里挖出过木料，原来应该有房子。推测是光绪三年遭灾那会儿，当地人以拆房卖木维持生计，留下了那片空地。另外就是日常的集会地点"槐抱柳"处，六棵槐树槐荫很大，夏天特别凉快，秋天的毛毛细雨落不到人身上，冬天的时候下雪树枝都接住了。过年的时候那里搭一个百叶的牌楼，王家巷门口这里泥一个旺火，从腊月二十四五就泥上了，要一直点到正月过了天长，每天有人在那里填煤，管理，旺火烤的红红的，过路的客人也都在那里聚在那里，聊天啊，烤手。夏天的时候水里浮着各家的鹅、鸭哇哇叫，兴隆寺角楼的风铃当啷当啷响动，庙殿里面僧人做佛事敲鼓敲磬声，寺门前廊子里面的叫卖声，树上百鸟的叫声，还有马车经过咯噔咯噔的声音，真是田园交响曲！

四、张金祥口述

被采访对象：张金祥，山西凯嘉张壁古堡生态旅游有限公司总经理
采访时间：2017年3月12日

问：张壁古堡开发经历了哪些阶段？凯嘉集团是从什么时候开始接手的？
答：凯嘉集团是2009年3月份和政府签协议，6月份进驻的。之前有一位民营煤矿的老板在开发，联系天津大学做了历史文化名村的保护规划，申报国家特色景观旅游名村，获得2005年中央电视台魅力名镇评选的十佳名镇，山西只有张壁这一家。实际工程上，一个是复建兴隆寺，一个是清理地道。
问：开发过程中有哪几个阶段？
答：首先是概念策划，把资源进行精细化梳理，市场进行细分分析，然后把这两个定位进行匹配形成整体规划，在规划的基础上还会有其他的东西，比如如何掌握控制地带，如何协调保护和利用之间的关系。这个整体规划分两个部分，一个是景区的整体规划，还有一个是文物保护的整体规划。之后在这个基础上做修建性的详细规划，对各个部分的建筑风貌、体量以及功能进行定位。再下一步就是初步设计、建筑设计等方面。
问：工程到什么时候结束？
答：修缮工程需要两年左右的时间，差不多到2019年结束。目前主要的文物庙宇建筑都修缮完了，21处国宝民居修复了12个，因为产权问题还有一些暂时没有修复。
问：还有几处院落产权没有收回？按计划是都要收回，还是有别的形式？
答：目前有16个已经进行了产权的置换，还有五个没有。产权尽量会收到公司，不能进行私自修复。到最后即使产权没收回，也都会按照设计规划的方案进行修复。
问：开发过程中对文化的挖掘主要通过什么形式？文献记载、碑刻、村民回忆和家谱？
答：都有。村民的家谱没有收集起来，还在他们自己手里。家谱记载是明以后的，但是张壁的历史远远不止这一点。目前可考证的历史已经到1600多年前的十六国时期，另外村外有1614年的金墓，是张景福家的一个合葬墓，村内有元祐元年重修过的可罕庙、万历年的空王行祠等等。但是中间有800年是没有考古层面的实物支撑的，更多的是通过一些历史记载，不一定是直接记载张壁古堡的，而是这个区域甚至那段历史大背景的。
问：目前我们看到的是明清延续到现在的状态。
答：如果只是把张壁村看作一个古村落，那远远没有把他的价值揭示出来。他最早作为邬壁，集作战、军事、生产于一体，是有经济功能的，后来作为一个行政机构，到了明清开始进入乡绅社会，所以有一些成格局的大院，以及祠堂。石碑上有价值的记载一方面是义士，如张义剿匪的故事，一方面是捐助，与晋商文化有关。还有一些是功勋良俗方面的记载，比如有的记载堡墙之内多少米不能有建筑；有的是行为约束，比如全村禁止宰杀，这个碑刻在前年修路的时候发现。这些内容作为张壁的1000多年的一部分，它就是一个角。包括张礼维、张义维兄弟，就是乡绅而已。
问：对于张壁来说，更大的价值在前面，只是这些人与现状的格局联系更紧密一些。关于张义，有他的遗迹或者家族在这儿吗？
答：没有。只是石刻里有张义这个人，但是谁是张义的后代就不知道了。不能寄希望于通过记载来推演过去的历史，因为这里是一个非常偏僻的乡村，他曾经在战乱中兴盛过，因为这里安全。太平了以后，这些地方就衰落了。乱世兴盛，却无暇记载，太平的时候衰落也没能力记载。
问：张壁现在的开发有什么问题吗？像地道的清理，会对地上建筑有威胁吗？

答：现在不计划大规模清理，首先古地道的空间不具备置入功能的条件，其次预想是在外面通过重建来对古地道的内涵进行延伸的解说和体验。理念是把保护放在第一位，其次才是利用。

问：地道最高点离地面只有 2～3 米的话，古堡内基础设施等管线如何往地下埋？

答：这个已经完成了，2014 年 9 月国家四部局下达了第一批受国家中央财政支持的传统村落保护的村子，张壁村在其中。当时资金通过不同的渠道进入，有住建，有环保，有文物，其中有一部分是污水这一块。我们就利用这个项目，在 2015 年重新铺设街巷的时候，把管线埋进去了。

问：之后古堡内可能会保留多少户人家居住？还是会全部搬出来？

答：这个要分两个阶段。先进行产权的置换，然后大规模地往外迁。当然古堡里还是要有住户，但不是回迁，产权不会再变化了。而是一些住民（未必是原住民）住到里面去，还原一些传统的生活方式、习俗，从风貌上复兴过去。可能人们穿的服装也是传统的，夏天的话村民回去一堆一堆地聊天，毕竟那里是故土的故土。

问：村里的老人们、住户们是做小规模的商业，还是单纯的生活呢？

答：正常生活，因为无论是村落还是景区，他们的生活就是人们可以去体验的内容。

问：张壁新村这块在整体规划内吗？以后新村和旧村是什么样的关系？

答：主要把居住功能放在新村，新村的建造形制吸取了古村的规律，比如地形上南高北低、东高西低。其次是商业功能，因为这边的商业不受限制，古堡内的商业必须是隐性的。总结就是那边（古堡内）主要是体验式的这种东西，而这边是服务式的。

问：现在古堡开发面临的难点有哪些方面？

答：这个项目由于资源的特殊性，在处理保护和利用、传统和时尚之间的矛盾时需要很大的财力、物力和匠心支撑。匠心是非常重要的，有匠心就意味着你一直在投入，而回报会比较慢。可是话又说回来，如果不受约束的去做，那也没意义，没有价值。

问：那公司对复建和开发的态度是什么？

答：作为公司来讲，态度是三句话：突出古军堡，复兴古村落，营造原生态。从技术实施层面，我有一些理念：继承、保护、再现、发展。不同时期可能侧重不一样，但都是重点。他们之间也有杂糅，如之前所说的常住民可能从事一些文创的、艺术的、记录生活的工作。生态修复上也分几个层面，一个是宏观上的空间生态，指古堡的沟谷地形等外部空间的生态、作为坞壁历史文化遗存的堡垒空间的生态，还有作为传统村落空间的生态。中观层面指环境的修复，比如说山容。还有就是微观方面的一些形态，最后涉及内涵层面的人文修复，不仅是民俗，更是历史传说，让它有空间上的一些支撑而更加丰满。最后通过基因进行文化整合和扩容，比如这一条线是军事的线，这一条线是星象的线，线与线之间互相交融，形成生态博物馆理念。

问：请问工程中对建筑的复原程度把控严吗？

答：对风貌的把控十分严格，要完全根据过去的风格进行仿照和对接，做法则不一定，主要是强调最后的表现。比如原来墙里面填着土，我们现在没必要去填土，但外墙就要用传统的方式砌筑。再比如张壁村原来有的几家窑套楼，暂时不考虑修复，因为数量太少，形不成风格和气候。

问：工作的重心不是每个建筑细部，而是让整个风貌呈现出来？

答：对，更重要的是整体的大格局，比如一街七巷的格局，比如高大、封闭、内向的院落，比如表面无突出的建筑。另一个方面，由宗族、贫富、阶层组成的不同组团，比如说东面的房子差一些，西面的房子好一些，还有水井的不均等分布。

—— 后 记 ——

　　从 2004 年第一次到张壁古堡调研，至今已经十余年了。每每提及张壁古村，心中都会震撼于其完善的防御体系，迷离的三层地道，典型的合院民居，众多的庙宇建筑，完整的民间壁画，悠长的古老街巷，缠绵的抱槐柳，高超的琉璃技艺，精美的墀头装饰，等等。正由于张壁古堡具有这些独特的价值，所以在这十余年中，各种"头衔"接踵而至。2005 年，张壁村被公布为第二批"中国历史文化名村"；2006 年，张壁古堡被公布为第六批"全国重点文物保护单位"；2012 年又被确定为第一批"中国传统村落"。

　　国内对于张壁村的研究，成果斐然，不乏上乘之作，其中包括陈志华等著的《张壁村》（2002 年）、李书吉著的《张壁古堡的历史考察》（2013 年）、武增祥著的《张壁史话》（2016 年）、杨昌鸣等著的《军事村落—张壁》（2016 年），等等。

　　我们科研团队从 2004 至今也一直关注着张壁古堡，相关的研究工作也断断续续在进行中。特别是 2013 年暑假进行了为期 2 周的建筑测绘后，开始投入了较多的时间和精力。时至今日，已近四年，终于初结成果。但愿这些研究工作能为张壁古堡的保护和发展添砖加瓦。

　　我个人对张壁古堡的保护有些许担心，如村落空心化问题。大部分居民迁于新居，不少废弃民居无人料理，"人去房空"，在风雨侵袭和时间磨蚀下，很容易日渐衰败，残垣断壁，蒿草疯长。而且，就从旅游的角度，总觉得古堡之内由于人去房空，缺乏活力和人气。但"办法总比问题多"，想必这些问题都会得到妥善解决的！

　　调查工作一如既往得到山西省住房和城乡建设厅的鼓励和支持。厅长李栋梁、副厅长李锦生、总规划师翟顺河等领导对这一工作给予了积极支持；村镇处处长张海星、副处长郭创以及赵俊伟为了保证调查研究工作的顺利开展，做了大量的组织和协调工作！山西凯嘉张壁古堡生态旅游有限公司总经理张金祥、经理王东东以及张壁村的郑广根等，在调查中给予了很多帮助。在此一并表示真诚的谢意！

薛林平

北京交通大学建筑与艺术学院

2017 年 4 月 28 日